CEDU(쎄듀)는 **A Comprehensive English eDU**cation(종합적 영어교육)의 약자입니다.

펴낸이	김기훈 김진희
펴낸곳	㈜쎄듀/서울시 강남구 논현로 305 (역삼동)
발행일	2018년 5월 4일 초판 1쇄
내용 문의	www.cedubook.com
구입 문의	콘텐츠 마케팅 사업본부
	Tel. 02-6241-2007
	Fax. 02-2058-0209
등록번호	제22-2472호
ISBN	978-89-6806-111-0

교과서 지식으로 영문 독해를 자신 있게!

리딩 릴레이

READING
RELAY

STARTER

저자

김기훈   現 ㈜ 쎄듀 대표이사
         現 메가스터디 영어영역 대표강사
         前 서울특별시 교육청 외국어 교육정책자문위원회 위원
         저서 천일문 〈입문편 · 기본편 · 핵심편 · 완성편〉 / 천일문 GRAMMAR
              첫단추 BASIC / 쎄듀 본영어 / 어휘끝 / 어법끝 / 문법의 골든룰 101
              거침없이 Writing / 리딩 플랫폼 / READING RELAY
              절대평가 PLAN A / Grammar Q / 1센치 영문법 / 잘 풀리는 영문법
              독해가 된다 시리즈 / The 리딩플레이어 / 빈칸백서 / 오답백서
              첫단추 Button Up / 파워업 Power Up / ALL쏨 서술형 시리즈
              수능영어 절대유형 / 수능실감 등

쎄듀 영어교육연구센터
쎄듀 영어교육센터는 영어 콘텐츠에 대한 전문지식과 경험을 바탕으로
최고의 교육 콘텐츠를 만들고자 최선의 노력을 다하는 전문가 집단입니다.
장혜승 주임연구원

교재 개발에 도움 주신 분들

강성규선생님 (SK English Clinic)   강아현선생님 (서울 연희중학교)   곽동윤선생님 (前 평촌 용샘의 영어날개)
김나하나선생님 (부산 혜광고등학교)   김수현선생님 (용인 sky 학원)   김영미선생님 (군산 EiE 학원)
김유희선생님 (광주 루케테 영어교습소)   김윤수선생님 (수원 애드온학원)   김희진선생님 (진주 종로엠스쿨)
박지인선생님 (의정부 레몬티영어)   박천형선생님 (수원 한빛학원)   박혜진선생님 (종로 파고다어학원)
석태용선생님 (진주 시스템 영어학원)   여지영선생님 (광명 포텐업 영어학원)   이선화선생님 (포항 Sunny English(YBM리딩클럽))
장소연선생님 (대전 죽동 타임학원)   전숙정선생님 (부산 링구아어학원 전국 본원) 조원웅선생님 (시흥 클라비스 영어 전문학원)

마케팅	콘텐츠 마케팅 사업본부
영업	문병구
제작	정승호
인디자인 편집	올댓에디팅
표지 디자인	윤혜영, 이연수
내지 디자인	PINT Graphics, 이연수
일러스트	바니모모, 그림숲
영문교열	Eric Scheusner

Preface

중등 독해 〈리딩 릴레이〉 시리즈를 펴내며

중등 독해, 무엇을 어떻게 읽어야 할까?

아이들은 짧고 재미있는 이야기를 읽기 시작해 점차 다양한 성격의 글을 접하게 됩니다. 하지만 학년이 올라가면서 영어에만 투자할 수 있는 시간이 점차로 줄어들기 때문에 무조건 많은 양의 읽기로 독해력을 키우는 것이 현실적으로 어렵습니다. 즉 학습할 과목이 늘어나는 중학교 시기에는 무작정 많고 다양한 글을 읽기보다 효과적이고 효율적인 읽기에 초점이 맞춰져야 합니다.

초등학교 때와 달리 중학교에서는 문법이 강조되고, 이후 고등학교에서는 그동안 쌓아온 어휘와 문법을 적용하여 빠르게 지문을 읽고 정확하게 내용을 파악하는 능력이 요구됩니다. 따라서 중학교 때 기본 어휘를 익히고 학습한 문법을 응용하여 글을 읽는 능력을 키우는 것이 중요합니다.

이를 위하여 본 시리즈는 효율적인 독해 학습을 위해 교육부가 지정한 필수 어휘와 교과 과정에 등장하는 소재를 바탕으로 한 지문들로 구성하였습니다. 또한, 중학교 교과목 내용과 관련된 배경 지식을 쌓으면서 영어 지문의 이해도를 높이고, 독해의 부담을 줄일 수 있도록 설계하였습니다.

❶ 탄탄한 어휘력은 효율적인 학습의 시작입니다.

어휘 학습은 글의 이해를 도와주는 중요한 역할을 합니다. 〈리딩 릴레이〉 시리즈는 교육부에서 지정한 필수 어휘 중 교과서에서 빈출되는 어휘와 주요 표현들을 지문 속에서 자연스럽게 학습하여 어휘력과 독해 실력을 동시에 쌓을 수 있습니다.

❷ 배경 지식 활용이 이해의 바탕이 됩니다.

중학교 교과목을 바탕으로 소재를 선정하여 관련되는 우리말 배경 지식을 쌓은 후, 이어지는 내용을 영어 지문으로 읽음으로써 조금 더 친근하게 영어 지문에 다가갈 수 있도록 구성하였습니다. 이렇게 쌓인 배경 지식은 또 다른 영어 지문을 대할 때도 이해력과 자신감을 높여주고 나아가 다른 교과목의 학습에도 시너지를 낼 수 있으리라 생각합니다.

효율적인 독해 학습을 돕는 〈리딩 릴레이〉 시리즈를 통해 학습 부담을 줄이고 교과 과정에 흥미를 더해줄 지식을 쌓으면서 독해의 즐거움을 느낄 수 있기를 바랍니다.

저자

Preview

〈리딩 릴레이〉의 구성과 특징

이 시리즈는 다음과 같이 구성되어 있습니다.

❶ 어휘와 배경 지식을 먼저 접하여 효과적인 독해 학습이 되도록 구성하였습니다.

❷ 영어 독해 실력 향상을 목표로 하는 학생뿐 아니라 영어 독해에 대해 두려움이나 거부감을 가진 학생들을 위한 책으로
지문 관련 내용과 좀 더 친숙해질 수 있습니다.

01 | Chapter Preview

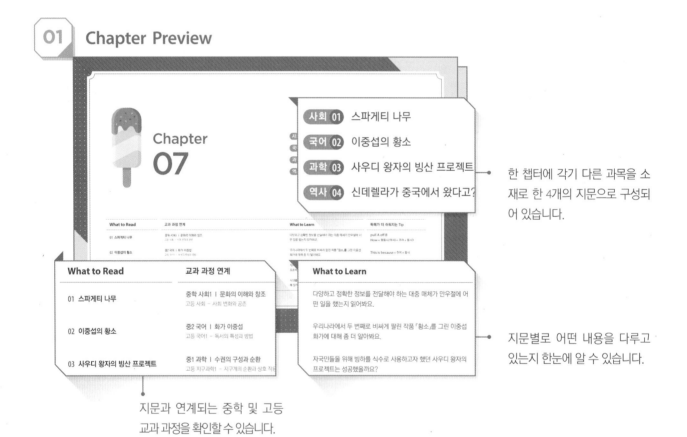

한 챕터에 각기 다른 과목을 소
재로 한 4개의 지문으로 구성되
어 있습니다.

What to Read	교과 과정 연계	What to Learn
01 스파게티 나무	중학 사회1 I 문화의 이해와 창조 고등 사회 – 사회 변화와 공존	다양하고 정확한 정보를 전달해야 하는 대중 매체가 만우절에 어떤 일을 했는지 읽어봐요.
02 이중섭의 황소	중2 국어 I 화가 이중섭 고등 국어1 – 독서의 특성과 방법	우리나라에서 두 번째로 비싸게 팔린 작품 「황소」를 그린 이중섭 화가에 대해 좀 더 알아봐요.
03 사우디 왕자의 빙산 프로젝트	중1 과학 I 수권의 구성과 순환 고등 지구과학1 – 지구계의 순환과 상호 작용	자국민들을 위해 빙하를 식수로 사용하고자 했던 사우디 왕자의 프로젝트는 성공했을까요?

지문과 연계되는 중학 및 고등
교과 과정을 확인할 수 있습니다.

지문별로 어떤 내용을 다루고
있는지 한눈에 알 수 있습니다.

교육부에서 지정한 필수 어휘로, 중학교 교과서에 빈출되는 것 위주로 수록하였습니다.

또한, 휴대폰을 통해 QR코드를 인식하여 교육부 지정 중학 필수 어휘의 MP3 파일을 들을 수 있습니다.

03 START READING!

우리말로 가볍게 지문 관련 배경지식을 먼저 읽어보세요. 뒷 페이지에 이어지는 영어 지문을 자신 있게 읽어 내려갈 수 있습니다.

일치/불일치, 어휘, 영작 등의 문제를 통해 우리말 배경지식에 등장한 내용 및 필수 어휘를 확인해보세요.

[교과서 지식 Bank]를 통해 해당 과목 교과서 관련 내용을 읽어볼 수 있습니다.

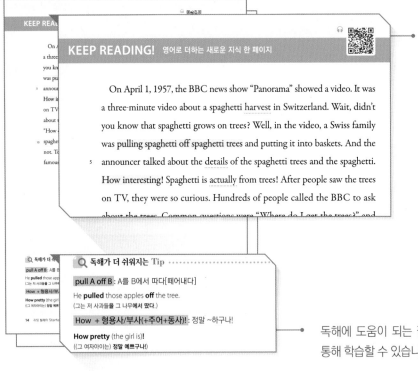

KEEP READING! 영어로 더하는 새로운 지식 한 페이지

On April 1, 1957, the BBC news show "Panorama" showed a video. It was a three-minute video about a spaghetti harvest in Switzerland. Wait, didn't you know that spaghetti grows on trees? Well, in the video, a Swiss family was pulling spaghetti off spaghetti trees and putting it into baskets. And the announcer talked about the details of the spaghetti trees and the spaghetti. How interesting! Spaghetti is actually from trees! After people saw the trees on TV, they were so curious. Hundreds of people called the BBC to ask

우리말 배경지식에 이어지는 다양한 소재의 영어 지문은 흥미를 배가시켜주고 다른 과목에 대한 지식을 쌓게 해줍니다.

또한, QR코드로 해당 지문 MP3 파일을 들을 수 있습니다.

독해가 더 쉬워지는 Tip

pull A off B : A를 B에서 따다[떼어내다]
He **pulled** those apples **off** the tree.
(그는 저 사과들을 그 나무에서 땄다.)

How + 형용사/부사(+주어+동사)! : 정말 ~하구나!
How pretty (the girl is)!
((그 여자아이는) 정말 예쁘구나!)

독해에 도움이 되는 필수 표현 및 구문을 추가 예문을 통해 학습할 수 있습니다.

05

1 이 글의 내용과 일치하도록 다음 각 빈칸에 알맞은 말을 고르세요.

(1) 영상에서 한 가족은 스파게티 면을 _____ 있었다.
(2) 사람들은 방송사에 전화해서 그 나무를 _____ 물어봤다.
(3) 하지만 방송사의 답변은 스파게티면 한 가닥을 _____ 두라고 했다.
(4) 이 글의 주제는 _____ 이다.

(1) ① 제공하고   ② 요리하고   ③ 수확하고
(2) ① 언제 심었는지   ② 어디서 구할 수 있는지   ③ 기르는 스위스 가족에 대해

글의 내용과 흐름을 파악할 수 있도록 구성된 여러 유형의 문제를 통해 지문 이해도를 확인해보세요.

4 다음 빈 칸 (A)와 (B)에 공통으로 들어갈 단어를 본문에서 찾아 쓰세요.

(1) This ____(A)____ is very cold. People always put on their gloves here.
(2) You need to ____(B)____ the book on the teacher's desk.

video 영상 / spaghetti 스파게티 / Switzerland 스위스 / Swiss 스위스의 / pull A off B A를 B에서 따다[떼어내다] / announcer (라디오 알림이나 프로그램의)아나운서 / curious 궁금한 / common 공통의 / piece 한 개 / sauce 소스 / April Fools' Day 만우절 / of all time 지금껏, 역대

06 별책 부록 – 단어 암기장

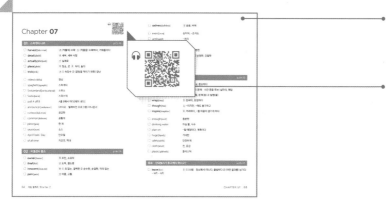

별책 부록으로 단어 암기장이 함께 제공됩니다. 중학 필수 어휘와 지문에 나온 주요 어휘들을 수록하였습니다.

QR코드를 통해 단어 MP3 파일을 들을 수 있습니다.

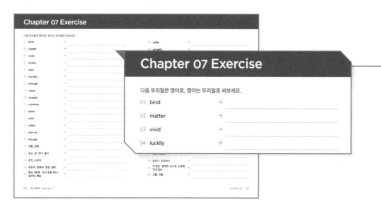

학습한 단어 의미를 복습하면서 어휘력을 기를 수 있습니다.

07 무료 부가서비스

1. 어휘리스트

2. 어휘테스트

3. 직독직해 연습지

4. 받아쓰기 연습지

5. 영작 연습지

학습을 돕는 부가서비스 자료들을 활용하여 복습할 수 있습니다.

무료 부가서비스 자료는 www.cedubook.com에서 다운로드 가능합니다.
1. MP3 파일 2. 어휘리스트 3. 어휘테스트 4. 어휘출제프로그램 5. 직독직해/받아쓰기/영작 연습지

Contents

Chapter
07

What to Learn

다양하고 정확한 정보를 전달해야 하는 대중 매체가 만우절에 어떤 일을 했는지 읽어봐요.

우리나라에서 두 번째로 비싸게 팔린 작품 「황소」를 그린 이중섭 화가에 대해 좀 더 알아봐요.

자국민들을 위해 빙하를 식수로 사용하고자 했던 사우디 왕자의 프로젝트는 성공했을까요?

시대별 미의 기준에 맞추기 위해 고통을 받았던 중국의 전족에 대해 읽어봐요.

독해가 더 쉬워지는 Tip

pull A off B
How + 형용사/부사(+ 주어 + 동사)!

This is because + 주어 + 동사

what about -ing
plan on -ing

by the way

스파게티 나무

교육부 지정 중학 필수 어휘

harvest	몡 (작물의) **수확**
	동 (작물을) 수확하다, 거둬들이다
detail	명 세부, 세부 사항
actually	부 실제로
place	명 장소, 곳
	동 두다, 놓다
trick	명 1. 속임수 2. (골탕을 먹이기 위한) **장난**

아래 해석을 참고하여 다음 각 빈칸에 적절한 단어를 위의 목록에서 골라 쓰세요. (동사의 시제와 명사의 수에 유의)

1   My dad _____ his car key on the kitchen table last night.

2   The corn _____ this year is not good because it didn't rain enough.

3   Stop playing _____ on me. It is not funny.

4   I will tell you the _____ about the trip.

5   Did you _____ meet him? He is my favorite singer!

해석 **1** 우리 아빠는 어젯밤에 부엌 테이블 위에 자동차 열쇠를 두셨다. **2** 비가 충분히 오지 않아서 올해 옥수수 수확은 좋지 않다. **3** 나에게 장난 그만 쳐. 그것은 재미있지 않아. **4** 나는 너에게 그 여행에 관한 세부 사항들을 말해줄 것이다. **5** 너 그를 실제로 만났어? 그는 내가 가장 좋아하는 가수야!

서양에서 시작된 풍습 중에 우리나라에도 널리 퍼진 것 중 하나가 바로 만우절(April Fools' Day)인데요, 이날이 되면 사람들은 가벼운 **trick** 또는 거짓말로 다른 사람을 속이며 즐기곤 해요. 그런데 만약 이 장난이 가볍지 않다면 어떨까요? 한꺼번에 많은 사람들에게 그럴듯한 거짓말을 한다면 사실이라고 믿을 수 있지 않을까요? 혹은 신뢰도 높은 뉴스나 신문에서 거짓 정보를 제공한다면요? 물론 나쁜 결과를 가져올 수 있는 커다란 거짓말을 해서는 안 되겠지만, 영국의 한 방송사가 시청자들에게 즐거운 기억을 남긴 적이 있다고 해요.

SEE THE NEXT PAGE! ≫

---

1   밑줄 친 **trick**에 해당하는 우리말을 고르세요.

① 세부 사항   ② 장난   ③ 마술   ④ 장소

2   이 글의 내용과 일치하도록 아래 빈칸을 채워 문장을 완성하세요.

> **Q:** How do people spend April Fools' Day?
> **A:** People play _____ to each other. (and / tell / tricks / small lies)

교과서 지식 Bank

중학 사회1 - 대중 매체

여러 사람에게 한 번에 많은 정보를 전달할 수 있는 매개체를 의미해요. 대중 매체는 크게 두 종류로 나뉘는데, 그 중 하나인 전통적인 대중 매체는 신문과 잡지, 라디오와 텔레비전 등을 포함해요. 다른 한 가지 종류는 뉴미디어와 디지털 매체인데, 인터넷과 케이블 텔레비전 등이 속한답니다.

On April 1, 1957, the BBC news show "Panorama" showed a video. It was a three-minute video about a spaghetti harvest in Switzerland. Wait, didn't you know that spaghetti grows on trees? Well, in the video, a Swiss family was pulling spaghetti off spaghetti trees and putting it into baskets. And the announcer talked about the details of the spaghetti trees and the spaghetti. How interesting! Spaghetti is actually from trees! After people saw the trees on TV, they were so curious. Hundreds of people called the BBC to ask about the trees. Common questions were "Where do I get the trees?" and "How do I grow them?" The answer from the BBC was "Place one piece of spaghetti in a tomato sauce can, and hope for the best." Is this true? Of course not. To this day, the Panorama video of spaghetti trees is one of the most famous April Fools' Day tricks of all time.

🔍 **독해가 더 쉬워지는 Tip** ••

pull A off B : A를 B에서 따다[떼어내다]

He **pulled** those apples **off** the tree.
(그는 저 사과들을 그 나무에서 땄다.)

How + 형용사/부사(+주어+동사)! : 정말 ~하구나!

How pretty (the girl is)**!**
((그 여자아이는) 정말 예쁘구나!)

1 이 글의 내용과 일치하도록 다음 각 빈칸에 알맞은 말을 고르세요.

(1) 영상에서 한 가족은 스파게티 면을 _____ 있었다.

(2) 사람들은 방송사에 전화해서 그 나무를 _____ 물어봤다.

(3) 하지만 방송사의 답변은 스파게티면 한 가닥을 _____ 두라고 했다.

(4) 이 글의 주제는 _____ 이다.

(1) ① 제공하고 ② 요리하고 ③ 수확하고
(2) ① 언제 심었는지 ② 어디서 구할 수 있는지 ③ 기르는 스위스 가족에 대해
(3) ① 토마토소스 캔 속에 ② 스위스에 있는 나무 위에
(4) ① 스위스에서 온 스파게티 나무
② 스파게티 나무를 심는 방법
③ 한 방송사의 만우절 장난

2 다음 중 이 글의 내용과 일치하지 <u>않는</u> 것을 고르세요.

① BBC는 스파게티 나무 관련 3분짜리 영상을 방송했다.
② 프로그램 진행자는 그 나무에 관련 세부 사항을 설명했다.
③ 방송을 본 사람들은 그 나무에 대해 문의했다.
④ 방송 후, BBC는 스파게티가 실제로 나무에서 자란다고 답변했다.

3 방송을 본 사람들이 자주 했던 질문을 본문에서 찾아 쓰세요. (두 개)

_____

_____

4 다음 빈칸 (A)와 (B)에 공통으로 들어갈 단어를 본문에서 찾아 쓰세요.

(1) This _____(A)_____ is very cold. People always put on their gloves here.

(2) You need to _____(B)_____ the book on the teacher's desk.

_____

video 영상 / spaghetti 스파게티 / Switzerland 스위스 / Swiss 스위스의 / pull A off B A를 B에서 따다[떼어 내다] / announcer (라디오 · 텔레비전 프로그램) 아나운서 / curious 궁금한 / common 공통의 / piece 한 개 / sauce 소스 / April Fools' Day 만우절 / of all time 지금껏, 역대

02 이중섭의 황소

교육부 지정 중학 필수 어휘

정답 및 해설 p.03

owner	명 주인, 소유자
thief	명 도둑, 절도범
innocent	형 1. 죄 없는, 결백한 2. 순수한, 순결한, 악의 없는
pain	명 아픔, 고통
sadness	명 슬픔, 비애

아래 해석을 참고하여 다음 각 빈칸에 적절한 단어를 위의 목록에서 골라 쓰세요. (동사의 시제와 명사의 수에 유의)

1   The _____ took all our money. Call the police now.

2   I felt terrible _____ over my dog Max's death.

3   We couldn't find the _____ of the wallet. So, we took it to the police station.

4   I went to see the doctor because I had a _____ in my stomach.

5   He is _____ like a baby.

해석 1 그 도둑은 우리의 돈을 모두 가져갔다. 지금 경찰을 불러라. 2 나는 우리 개 맥스의 죽음에 대해 큰 슬픔을 느꼈다. 3 우리는 지갑의 주인을 찾을 수 없었다. 그래서 우리는 그것을 경찰서에 가져갔다. 4 나는 배가 아파서 진료를 받으러 갔다. 5 그는 아기처럼 순수하다.

　　2010년에 화가 이중섭(Lee Jung Seop)의 그림 「황소」가 경매에 나왔을 때, 사람들은 그 그림의 가격이 한국 미술 경매 역사상 신기록을 세울 것이라 예상했어요. 경매는 무려 34억 원에서 시작해 35억 6천만 원에 낙찰되었답니다. 우리나라에서 두 번째로 비싸게 팔린 작품이라고 하니 정말 대단하죠? 화가 이중섭의 그림은 사실 경매시장에서 자주 볼 수 없다고 해요. 이미 다른 박물관에서 전시를 하고 있거나, 작품 <u>owner</u>들이 공개적으로 잘 보여주지 않기 때문이죠. 특히 「황소」는 1972년에 한 번 공개된 이후로 쉽게 볼 수 없었다고 해요. 하지만 이제는 이 그림이 주는 강렬한 인상과 에너지를 서울 부암동에 있는 한 미술관에서 언제든 볼 수 있어요.

SEE THE NEXT PAGE! ≫

1　밑줄 친 <u>owner</u>에 해당하는 우리말을 쓰세요.

_____

2　이 글의 내용과 일치하면 T, 그렇지 않으면 F를 쓰세요.

(1) 「황소」는 35억 6천만 원에 낙찰되었다. _____

(2) 「황소」는 우리나라에서 가장 비싸게 팔린 작품이다. _____

(3) 서울 부암동에 있는 한 미술관에서 「황소」를 볼 수 있다. _____

교과서 지식 Bank

중2 국어 - 전기문 읽기

전기문은 한 사람의 업적, 인간성 등을 나타내어 감동과 교훈을 주고자 하는 글이에요. 전기문을 읽을 때는 그 사람이 살았던 때의 시대적 특징과 사회 환경을 이해하고, 그 사람의 활동 목적과 그 활동이 사회와 인류에 어떤 공헌을 하였는지를 생각하면서 읽는 것이 좋아요.

When people think of the painter Lee Jung Seop, they think of cows. This is because most of his paintings were about cows. When he was young, he loved drawing very much. He didn't even eat until he finished his drawings. He also liked to watch cows for a long time before he drew them. One day,

5 young Lee Jung Seop was watching one cow for a very long time. The owner of the cow thought he was a thief. So, the owner called the police.

Lee Jung Seop felt happy when he looked into a cow's eyes. He thought that those eyes were very innocent and honest, but also wise. The lines and colors in his paintings of cows are very vivid. Through his paintings, Lee Jung

10 Seop showed his pain and sadness about the Japanese colonial period and the Korean War.

*the Japanese colonial period 일제강점기

🔍 독해가 더 쉬워지는 Tip ••

This is because + 주어 + 동사: 이것은 ~이기 때문이다

People like different things. **This is because** everyone is different.
(사람들은 다른 것을 좋아한다. **이는** 모든 사람들이 다르**기 때문이다**.)

Your hands are very important. **This is because** they can tell you about your health.
(너의 손은 매우 중요하다. **이는** 그것들이 너의 건강에 대해 알려줄 수 **있기 때문이다**.)

1 이 글의 내용과 일치하도록 다음 각 빈칸에 알맞은 말을 고르세요.

> (1) 이중섭은 어렸을 때 _____을[를] 매우 좋아했다.
> (2) 이중섭은 소의 눈이 _____ 생각했다.
> (3) 이중섭은 그림을 통해 _____에 대한 슬픔을 보여줬다.
> (4) 이 글의 제목은 _____이다.

(1) ① 소 모는 것　　② 그림 그리는 것　　③ 경찰 놀이
(2) ① 슬프다고　　② 순수하다고　　③ 지나치게 크다고
(3) ① 소의 희생　　② 농민들의 고된 삶　　③ 일제강점기와 한국 전쟁
(4) ① 화가 이중섭과 소 주인의 갈등
　　② 소를 사랑한 화가 이중섭
　　③ 화가 이중섭의 이중생활

2 다음 중 이 글의 내용과 일치하지 <u>않는</u> 것을 고르세요.

① 이중섭의 그림 대부분은 소에 관한 것이다.
② 소 주인은 이중섭을 경찰에 신고했다.
③ 이중섭은 소의 눈을 들여다볼 때 행복했다.
④ 이중섭의 그림들은 선과 색이 흐릿하다.

3 다음 영영 뜻풀이에 공통으로 해당하는 단어를 이 글에서 찾아 쓰세요.

> ⓐ having no responsibility for a crime
> ⓑ having no bad thoughts, pure

_____

4 주어진 말을 알맞게 배열하여 다음 문장을 완성하세요.

> I can't sleep well these days. This is because _____
> _____ every night. (loud / music / too / you / listen to)

even 심지어, ~조차도 / until ~까지 / honest 정직한 / wise 지혜로운, 현명한 / vivid (색 · 빛 등이) 선명한, 강렬한 / through ~통해서 / the Korean War 한국 전쟁
선택지 어휘 3 responsibility 책임 / thought 생각

교육부 지정 중학 필수 어휘

정답 및 해설 p.05

matter	명 일, 문제
	동 중요하다
key	명 1. 열쇠 2. (문제·사건 등을 푸는) 실마리, 해답
issue	명 1. 논(쟁)점, 문제(점) 2. 발행(물)
wrap	동 감싸다, 포장하다
though	접 ~이지만, ~에도 불구하고
inspire	동 격려하다, ~할 마음이 생기게 하다

아래 해석을 참고하여 다음 각 빈칸에 적절한 단어를 위의 목록에서 골라 쓰세요. (동사의 시제와 명사의 수에 유의)

1   Wasting energy is a big social _____ today.

2   We _____ the gift before he came home. We wanted to surprise him.

3   What's the _____? You don't look well.

4   The _____ to good health is to exercise every day.

5   Her story _____ me to become a writer.

6   _____ Korea is a small country, it has a long history. We are very proud of it.

해석 **1** 에너지를 낭비하는 것은 오늘날 큰 사회 문제(점)이다. **2** 그가 집에 오기 전에 우리는 선물을 포장했다. 우리는 그를 놀라게 해주고 싶었다. **3** 무슨 일 있어? 너는 안색이 좋아 보이지 않아. **4** 건강에 대한 해답은 매일 운동 하는 것이다. **5** 그녀의 이야기는 내가 작가가 될 마음을 생기게 했다. **6** 비록 한국은 작은 나라이지만, 긴 역사를 가지고 있다. 우리는 그것이 매우 자랑스럽다.

3월 22일은 유엔(UN)이 정한 세계 물의 날이에요. 수질이 오염되면서 식수원이 부족해지자 물의 중요성을 일깨우기 위해 지정되었죠. 현재 지구에 있는 물의 양은 13억 8천 6백만㎦로 이 가운데 97%는 바닷물이고 나머지 3%만 먹는 물로 사용할 수 있는 담수예요. 하지만 이마저도 그중 70%가량은 빙하가 차지하고 있답니다. 이런 물 부족 현상의 <u>key</u>가 될 수 있는 여러 기술이 개발되고 있는데요, 대표적인 것이 바닷물을 식수로 활용할 수 있도록 하는 기술이에요. 물이 부족한 중동지역에서는 이 기술로 약 10만 톤에 해당하는 물을 얻고 있다고 해요. 또, 1977년에는 사우디아라비아(Saudi Arabia)에서 빙하를 이용해 물을 얻으려는 시도를 한 사람도 있었답니다.

SEE THE NEXT PAGE! ≫

1 밑줄 친 key에 해당하는 우리말을 고르세요.

① 문제, 일 　　　　　② 실마리, 해답 　　　　　③ 논쟁, 문제점

2 이 글의 내용과 일치하면 T, 그렇지 않으면 F를 쓰세요.

(1) UN은 물의 중요성을 일깨우기 위해 세계 물의 날을 지정했다. ＿＿＿＿＿

(2) 지구의 물은 대부분 바닷물이다. ＿＿＿＿＿

(3) 최근 빙하를 식수로 활용할 수 있도록 하는 기술이 생겼다. ＿＿＿＿＿

교과서 지식 Bank

중1 과학 - 빙하의 형성

빙하는 주로 극지방이나 고산 지대에서 형성되는데, 쌓인 눈의 아랫부분이 다져져서 얼음으로 변하고 이렇게 만들어진 커다란 얼음덩어리가 중력에 의해 낮은 곳으로 이동하는 것을 빙하라고 해요. 현재 빙하의 약 99%는 남극 대륙과 그린란드에 집중되어 있답니다.

There is never enough water in Saudi Arabia. This is an important matter for many people. Prince Mohammed Al Faisal felt sad about this. He wanted to give water to his people. One day, _____. "What about drinking an iceberg?" He thought this was a great idea. "Icebergs will

5 be the key to the water issues in Saudi Arabia! They will give enough drinking water to everyone. And they can use the water on their farms, too!" So, he thought about ways to move an iceberg from Antarctica to Saudi Arabia. He planned on making a huge ship to carry the iceberg safely. Then he thought about wrapping an iceberg in cloth or plastic. But in the end, he failed and

10 gave up. Though his plan didn't go well, his idea inspired other scientists to think about using icebergs for drinking water.

*iceberg 빙하

**Antarctica 남극

🔍 독해가 더 쉬워지는 Tip

what about -ing : (제안·권유로) ~하는 건 어때?, ~할까?

I am so thirsty and tired. **What about taking** a break for a minute?
(나는 너무 목이 마르고 피곤해. 잠깐 **쉬는 건 어때**?)

plan on -ing : ~할 예정이다, 계획이다

Do you **plan on selling** the computer online?
(너는 온라인에서 컴퓨터를 **팔 계획이니**?)

1 이 글의 내용과 일치하도록 다음 각 빈칸에 알맞은 말을 고르세요.

> (1) 모하메드 왕자는 사우디아라비아에 충분한 물이 없다는 것에 _____.
> (2) 모하메드 왕자는 빙하가 문제의 _____이[가] 될 것이라고 생각했다.
> (3) 모하메드 왕자는 _____ 위해 큰 배를 만들 계획이었다.
> (4) 이 글의 주제는 _____이다.

(1)	① 화가 났다	② 불안해했다	③ 슬퍼했다
(2)	① 원인	② 논쟁	③ 해답
(3)	① 빙하를 옮겨오기	② 빙하를 안전하게 마시기	③ 빙하를 감싸기
(4)	① 모하메드 왕자가 개발한 빙하를 식수로 만드는 기술		
	② 사우디아라비아의 심각한 물 부족 문제들		
	③ 물 문제를 해결하기 위한 모하메드 왕자의 노력		

2 다음 중 이 글에서 언급된 것을 고르세요.

① 모하메드 왕자의 재산
② 사우디아라비아로 가져올 빙하의 출처
③ 옮기려고 했던 빙하의 크기
④ 모하메드 왕자의 계획이 성공한 이유

3 다음 빈칸 (A)와 (B)에 공통으로 들어갈 단어를 본문에서 찾아 쓰세요.

> (1) My grandfather loves computer games. Age doesn't ____(A)____.
> (2) I need to talk to you. This is a very important ____(B)____.

_____

4 문맥상 빈칸에 알맞은 말이 되도록 주어진 어구를 배열하세요.

> him / came / an idea / to

_____

enough 충분한 / drinking water 마실 물, 식수 / plan on ~할 예정이다, 계획이다 / huge 거대한 / safely 안전하게 / cloth 천, 옷감 / plastic 플라스틱

교육부 지정 중학 필수 어휘 🎧

정답 및 해설 p.06

leave – left – left	통	1. (사람 · 장소에서) **떠나다, 출발하다** 2. (어떤 결과를) 남기다
then	부	1. 그때, 그때는 2. **그다음에, 그러고 나서**
original	형	**최초의, 원래의**
	명	원형, 원본
tradition	명	**전통, 관례**
bind – bound – bound	통	1. **묶다** 2. ~을 싸다, 둘러 감다
suffer	통	1. **고통 받다, 괴로워하다** 2. (고통 · 상해 · 슬픔 등을) 경험하다, 겪다

아래 해석을 참고하여 다음 각 빈칸에 적절한 단어를 위의 목록에서 골라 쓰세요. (동사의 시제와 명사의 수에 유의)

1   She doesn't look well because she is _____ from a headache.

2   It is our family _____ to celebrate the new year with a special meal.

3   Your plane _____ in ten minutes. You must run to the gate now.

4   You need to _____ the cut on your hand.

5   My _____ plan was to visit Spain. But I visited France instead.

6   The game ended. _____, the players exchanged their uniforms.

해석 1 그녀는 두통 때문에 괴로워하고 있기 때문에 좋아 보이지 않아. 2 특별한 식사로 새해를 기념하는 것이 우리 가족의 전통이다. 3 네가 탈 비행기는 10분 후에 떠난다. 지금 탑승구로 달려가야만 한다. 4 너는 네 손에 있는 상처를 감싸야 한다. 5 나의 원래 계획은 스페인을 방문하는 것이었다. 하지만 대신 프랑스를 방문했다. 6 게임이 끝났다. 그러고 나서 선수들은 자신들의 유니폼을 교환했다.

여러분은 외모를 아름답게 가꾸는 데 관심이 많은가 요? 사람들의 미에 대한 관심은 과거에도 정말 대단했 는데요, 유럽에서는 체형을 날씬하게 만들기 위해 가슴 에서 엉덩이 위까지 꽉 조이는 철사로 만든 속옷을 입 었어요. 그게 바로 코르셋이에요. 하지만 몸에 너무 꽉 끼는 코르셋은 혈액순환을 마비시키고, 심지어 갈비뼈 를 기형적인 모양으로 변형시키기도 할 만큼 위험한 물 건이기도 했어요. 시대별 미의 기준에 맞추기 위해 많 은 여자들은 <u>suffer</u>했지요. 코르셋과 비슷한 이러한 악 습은 중국의 역사에서도 찾아볼 수 있답니다.

SEE THE NEXT PAGE! ≫

1 밑줄 친 suffer에 해당하는 우리말을 고르세요.

① 공유하다   ② 유지하다   ③ 시도하다   ④ 고통 받다

2 이 글의 내용과 일치하도록 아래 빈칸을 채워 문장을 완성하세요.

In Europe, _____
to make their body slim. (wore / underwear / people / dangerous / some)   *underwear 속옷

교과서 지식 Bank

중학 역사2 - 태평천국 운동

중국 청나라 말기에 일어난 운동으로, 남녀평등, 토지의 균등한 분배, 악습 철폐 등을 내세워 농민들의 호응을 얻었어요. 변발과 노예제 철폐를 주장했고, 여성들을 옭아매던 전족도 이때 폐지되었답니다.

In the story of Cinderella, the prince and Cinderella danced together. But when she left the prince before midnight, she lost her glass shoe. The prince then ordered his people to find the owner. In the end, the prince and Cinderella met again and married. By the way, did you know this story came
5 from China? The original story in China is about a girl with very small feet.

One of the old Chinese traditions was to make women's feet small. They used to bind feet when girls were young. They thought that feet about 10cm in size were the most beautiful. People called those small feet "lotus feet." Men only wanted to marry women with small feet. However,
10 _____. Most women couldn't walk well, and some couldn't even stand straight. Luckily, women today don't have to suffer. This tradition ended, but being beautiful caused a lot of pain in the past.

*lotus 연꽃

🔍 **독해가 더 쉬워지는 Tip** ••

by the way : 그런데 《대화에서 화제를 바꿀 때》

Dinner will be ready soon. **By the way,** did you finish your homework?
(저녁 식사는 곧 준비될 거야. **그런데** 너는 숙제를 끝냈니?)

I still have a lot to do. What time is it, **by the way**?
(나는 아직 할 일이 많이 있어. **근데** 지금 몇 시지?)

1 이 글의 내용과 일치하도록 다음 각 빈칸에 알맞은 말을 고르세요.

> (1) 「신데렐라」 이야기는 원래 _____에 대한 이야기이다.
> (2) 여성의 _____은[는] 중국 전통 중 하나였다.
> (3) 중국 사람들은 작은 발을 _____(이)라고 불렀다.
> (4) 이 글의 제목은 _____이다.

(1) ① 중국의 여자아이   ② 계모와 사는 여자아이   ③ 왕자와 신데렐라
(2) ① 피부를 희게 가꾸는 것   ② 발을 작게 만드는 것   ③ 신발을 예쁘게 꾸미는 것
(3) ① 연꽃 발   ② 유리 구두   ③ 신데렐라
(4) ① 「신데렐라」 이야기가 널리 사랑받는 이유
　　② 중국의 오랜 풍습을 바꾼 「신데렐라」 이야기
　　③ 「신데렐라」 이야기의 기원인 중국의 전족 풍습

2 다음 중 이 글에서 언급된 것을 고르세요.

① 신데렐라가 도망친 진짜 이유
② 「신데렐라」 이야기가 중국으로 전해진 이유
③ '연꽃 발'의 크기
④ '연꽃 발'이라 불린 이유

3 문맥상 빈칸에 알맞은 말이 되도록 주어진 어구를 배열하세요.

> for / very / binding feet / dangerous / was / women

_____

4 다음 중 문맥상 By the way가 들어가기에 더 적절한 곳을 고르세요.

> Those boxes look very heavy. _____①_____, can I help you? _____②_____, the sky is really beautiful today.

midnight 한밤중, 자정 / owner 주인, 소유자 / in the end 결국 / by the way 그런데 / however 그러나 / even 심지어, ~조차도 / straight 똑바로 / luckily 다행히도, 운 좋게 / cause ~을 초래하다 / pain 고통, 아픔

Chapter
08

What to Learn

독해가 더 쉬워지는 Tip

실크로드를 따라서 무역하던 상인들의 쉼터 카라반세라이는 숙박 외에 많은 것을 제공했어요.

different in size[color/shape]
turn into

수학뿐만 아니라 많은 분야를 연구한 수학자 오일러의 일생에 대해서 알아봐요.

keep (on) -ing

환경과 역사적 배경을 알아야 특정한 사회의 문화를 이해하기 쉽다는 것을 갠지스 강에서 목욕하는 사람들을 통해 알 수 있어요.

full of

대중 매체를 통해 알려진 심각한 오염 문제를 해결하기 위해 미국의 채터누가는 어떤 노력을 했을까요?

not all[every]

교육부 지정 중학 필수 어휘

정답 및 해설 p.09

rest	몡 1. (어떤 것의) 나머지 2. **휴식, 수면** 동 **쉬다, 휴식을 취하다**
mean – meant – meant	동 **의미하다** 혱 심술궂은, 성질이 나쁜
protect	동 **보호하다, 지키다**
share	동 **함께 나누다, 공유하다**
past	혱 과거의, 지나간 몡 **과거**
shower	몡 1. **샤워기, 샤워실** 2. 샤워(하기) 3. 소나기

아래 해석을 참고하여 다음 각 빈칸에 적절한 단어를 위의 목록에서 골라 쓰세요. (동사의 시제와 명사의 수에 유의)

1 We should learn from the mistakes of the _____.

2 He went to the doctor because he was sick. The doctor advised him to _____.

3 There is only one washing machine on this floor. So, I have to _____ with others.

4 The red signal _____ that you have to stop.

5 Is she still in the _____? Can you tell her to hurry? I have to use the bathroom.

6 You need to _____ your skin from the strong sunlight.

해석 1 우리는 과거의 실수로부터 배워야 한다. 2 그는 아파서 의사를 찾아갔다. 그 의사는 그에게 휴식을 취하라고 조언했다. 3 이 층에는 세탁기가 오직 하나만 있다. 그래서 나는 다른 사람들과 공유해야 한다. 4 빨간 신호는 멈춰야 한다는 것을 의미한다. 5 그녀는 아직 샤워실에 있니? 그녀에게 서두르라고 말해줄래? 나는 화장실을 사용해야 하거든. 6 강한 햇빛으로부터 네 피부를 보호해야 해.

세계는 정말 넓고, 많은 나라가 있죠. 하지만 비행기, 배, 자동차 등이 발명되고 무역이 활발해지면서 우리는 먼 나라의 물건도 어렵지 않게 구할 수 있게 되었어요. 그렇다면 비행기나 자동차가 발명되기 전에는 어땠을까요? 무역이라는 게 아예 없었을까요? 그렇지 않아요. 그때는 사람들이 육로를 통해 무역을 하곤 했어요. 중국의 비단은 서방에서 인기가 아주 많았는데, '실크로드(Silk Road)'라 불리는 무역로를 따라 이동하면 중국에서 비단, 즉 실크를 구할 수 있었지요. 하지만 하루에 몇십 킬로미터씩 걸어야 하는 대장정이었고, 여행객이나 상인들은 이동 중에 도둑이나 강도를 만날 가능성도 있었어요. 그럼 그들은 어디에서 <u>rest</u>할 수 있었을까요?

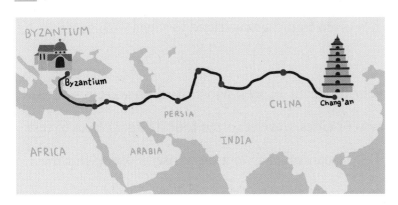

SEE THE NEXT PAGE! »

1 밑줄 친 rest에 해당하는 우리말을 고르세요.

　① 휴식을 취하다　　　② 공유하다　　　③ 보호하다

2 이 글의 내용과 일치하면 T, 그렇지 않으면 F를 쓰세요.

　(1) 비행기와 자동차가 발명되기 전에도 무역을 했다.　　　_____

　(2) 실크로드를 따라 이동하면 중국에서 비단을 얻을 수 있었다.　　　_____

　(3) 여행객들이나 상인들은 육로를 따라 안전하게 이동했다.　　　_____

교과서 지식 Bank

중학 역사1 - 실크로드(Silk Road)

고대 중국과 서방의 여러 나라를 이어주었던 무역로를 말하는데, 중국의 비단이 서방으로 운반되었기 때문에 실크로드, 즉 비단길이라는 이름이 붙었어요. 동서 문화 교류에 가장 큰 역할을 하며 사회 발전에 기여했답니다.

Travelers and merchants on the Silk Road needed a place to rest. After a long day, they stayed at a special place, a "caravanserai." In Persian, the word "caravan" means "merchants in a large group," and "serai" means "inn." There visitors could find some food and get some rest. Visitors were also safe within
5   the big walls of the caravanserai. Those walls protected them from dangers such as thieves at night. The merchants could also share news about markets and roads in the area. They often found a new friend to travel with.

Caravanserais were very different in size. Most of them were just small rooms. But in bigger towns or cities, travelers often found larger places to rest
10   with a bed and a bath. People can still stay in a caravanserai today. But these places are now very different from the past. Most of them turned into hotels with showers, televisions, and restaurants for tourists.

*caravanserai (과거 아시아 · 북부 아프리카 사막에 있던) 여행자 쉼터

**inn (보통 시골 지역에 있는) 여인숙, 여관

🔍 **독해가 더 쉬워지는 Tip** ••

different in size [color/shape] : 크기[색깔/모양]가 다른

Those shoes are all **different in size**.
(이 신발들은 모두 **크기가 다르다**.)

turn into : ~이 되다, ~으로 변하다

I left a glass of water by the window. Later, the water **turned into** ice.
(나는 창가에 물 한 잔을 두었다. 나중에 그 물은 얼음**으로 변했다**.)

1 이 글의 내용과 일치하도록 다음 각 빈칸에 알맞은 말을 고르세요.

> (1) 여행객들과 상인들은 카라반세라이라는 곳에서 _____.
>
> (2) 그곳에서 방문객들은 _____ 안전했다.
>
> (3) 대부분의 카라반세라이에는 _____.
>
> (4) 지금의 카라반세라이는 예전과 매우 _____.
>
> (5) 이 글의 제목은 _____이다.

(1) ① 살았다   ② 머물렀다   ③ 장사를 했다

(2) ① 다른 동료들 덕분에   ② 방이 많았기 때문에   ③ 큰 벽 덕분에

(3) ① 작은 방들만 있었다   ② 도둑들이 많았다   ③ 침대와 욕실이 있었다

(4) ① 비슷하다   ② 다르다   ③ 똑같다

(5) ① 카라반세라이는 왜 몰락했는가

　　② 최초로 카라반세라이를 만든 사람

　　③ 상인들의 휴식처, 카라반세라이

2 다음 중 글에서 언급되지 <u>않은</u> 것을 고르세요.

① 카라반세라이의 의미

② 카라반세라이가 안전한 이유

③ 카라반세라이의 방 개수

④ 오늘날 카라반세라이 모습

3 오늘날 카라반세라이가 여행객들에게 제공하는 3가지를 글에서 찾아 쓰세요.

_____

---

traveler 여행자 / merchant 상인 / special 특별한 / Persian 페르시아어 / within ~ 안에 / such as ~와 같은 / thief 도둑 / market 시장 /
turn into ~이 되다, ~으로 변하다 / tourist 관광객

교육부 지정 중학 필수 어휘 🎧 정답 및 해설 p.10

university	명 대학, 대학교
talent	명 (타고난) 재능, 소질
blind	형 눈이 먼, 앞을 못 보는, 장님인
check	동 (확인하기 위해) 살피다, 점검하다 명 1. 확인, 점검 2. 수표
complete	동 끝마치다, 완성하다 형 완전한, 전부 갖추어져 있는

아래 해석을 참고하여 다음 각 빈칸에 적절한 단어를 위의 목록에서 골라 쓰세요. (동사의 시제와 명사의 수에 유의)

1 The writer _____ his book. You can find his book at a bookstore this December.

2 After high school, she decided to work instead of going to a _____.

3 She has a _____ for music. She can play the guitar and write songs.

4 That dog is walking with a _____ woman. He is like a guide to her.

5 He _____ his email one more time before he sent it.

해석 **1** 그 작가는 그의 책을 끝마쳤다. 너는 이번 12월에 서점에서 그의 책을 찾을 수 있다. **2** 고등학교 후에, 그녀는 대학교를 가는 대신에 일하기로 결심했다. **3** 그녀는 음악에 재능이 있다. 기타를 연주하고 작곡을 할 수 있다. **4** 그 개는 눈이 먼 여자와 걷고 있다. 그는 그녀에게 가이드와 같다. **5** 그는 이메일을 보내기 전에 한 번 더 점검했다.

1707년 스위스에서 태어난 레온하르트 오일러(Leonhard Euler)는 수학에 뛰어난 **talent**를 가진 수학자였어요. 수학뿐만 아니라 물리학, 의학, 식물학 등 많은 분야를 연구하기도 했고, 몹시 어려운 천문학 관련 문제의 해답을 단 3일 만에 찾아내 사람들을 놀라게 하기도 했답니다. 우리가 함수를 표현할 때 쓰는 기호 $f(x)$를 처음 생각해낸 사람이기도 해요. 원주율을 나타내는 기호 파이(π)도 오일러가 쓰기 시작하면서 표준으로 굳어졌고요. 이렇게 많은 업적을 남긴 오일러이지만 **어릴 때는 목사가 되려고 했다는데요**, 원래 계획대로 목사가 되었다면 어쩌면 수학은 지금만큼 발전하지 못했을지도 모르겠네요.

SEE THE NEXT PAGE! ≫

1   밑줄 친 talent에 해당하는 우리말을 쓰세요.

_____

2   굵게 표시한 부분과 일치하도록 아래 단어를 알맞게 배열하여 문장을 완성하세요.

When he was young, _____
a pastor. (he / become / to / wanted)   *pastor 목사

교과서 지식 Bank

중1 수학 - 함수 기호

함수를 표현할 때 $y=f(x)$라는 기호를 쓰는데요, 여기에서 f는 '함수'라는 뜻의 영어 단어인 function의 첫 글자를 따서 기호로 만든 것이랍니다.

When Leonhard Euler was only 13 years old, he went to a university to become a pastor. At the same time, he received Saturday lessons from a mathematician, Johann Bernoulli. Soon, Bernoulli discovered that Euler had a talent for mathematics and told Euler's father that Euler would become a
5 great mathematician.

Later, he went to Russia and Germany to study math. When he was in his 20s, he became ill with a fever. Soon, he became blind in his right eye. But it didn't stop him. He continued his study and research. However, his left eyesight got worse, too. He couldn't see well in his 60s, but he kept on
10 working. He made his son and helpers record his research for him. When Euler needed to draw something, he drew on the board with chalk. His helpers would then check the drawings carefully and make copies. Even after he was blind, he completed more work than any other mathematician in history.

*pastor 목사

 독해가 더 쉬워지는 **Tip** ••••••••••••••••••••••••••••••••••••••

keep (on) -ing : 계속 ~을 하다

He wanted to stop, but he **kept on walking**.
(그는 멈추고 싶었지만 **계속 걸었다**.)

The story is a bit sad, but **keep on reading** until you get to the ending.
(그 이야기는 조금 슬프지만 끝까지 **계속 읽어라**.)

1 이 글의 내용과 일치하도록 다음 각 빈칸에 알맞은 말을 고르세요.

(1) 요한 베르누이는 오일러에게서 _____을[를] 발견했다.

(2) 열병을 앓은 후에 오일러는 _____을[를] 잃었다.

(3) 오일러는 그의 아들과 조수가 _____ 시켰다.

(4) 이 글의 주제는 _____이다.

(1) ① 가르침에 대한 애정　　② 수학의 재능　　③ 목사로서의 잠재력

(2) ① 시력　　　　　　　　② 청력　　　　　③ 재능

(3) ① 복사본을 만들도록　　② 칠판에 그리도록　③ 연구를 기록하도록

(4) ① 수학을 향한 오일러의 열정

　　② 오일러의 어린 시절

　　③ 스승 베르누이의 가르침

2 다음 중 이 글의 내용과 일치하지 <u>않는</u> 것을 고르세요.

① 오일러는 열세 살 때 대학에 갔다.

② 오일러는 베르누이에게 토요일마다 수업을 들었다.

③ 오일러는 스위스의 대학에서 수학을 공부했다.

④ 오일러가 칠판에 분필로 그림을 그리면 조수들이 복사본을 만들었다.

3 다음 빈칸 (A)와 (B)에 공통으로 들어갈 단어를 본문에서 찾아 쓰세요.

(1) I didn't ____(A)____ the weather this morning. I don't have an umbrella.

(2) It is $300, and you can pay in cash or by ____(B)____.

_____

4 다음 영영 뜻풀이에 해당하는 단어를 이 글에서 찾아 쓰세요.

not able to see

_____

receive 받다, 받아들이다 / mathematician 수학자 / soon 곧, 머지않아 / discover 발견하다 / mathematics (= math) 수학 / ill 아픈, 병든 / continue 계속하다, 지속하다 / research 연구 / however 그러나 / eyesight 시력 / keep on 계속하다 / helper 조수 / record 기록하다 / even 심지어, ~조차도

사회 | 문화의 이해와 창조

03 갠지스 강

교육부 지정 중학 필수 어휘

정답 및 해설 p.12

holy	형 신성한, 성스러운	
yet	부 《부정문, 의문문에서》 아직, 여전히	
maybe	부 어쩌면, 아마	
truly	부 진실로, 거짓 없이	
miracle	명 기적	

아래 해석을 참고하여 다음 각 빈칸에 적절한 단어를 위의 목록에서 골라 쓰세요. (동사의 시제와 명사의 수에 유의)

1 I will _____ visit him next week. I will let you know the date after I talk to him.

2 He didn't get hurt in the terrible car accident. It was a _____.

3 It was a _____ great movie. The story and the acting were just amazing.

4 This is a _____ place in Egypt. You cannot wear a hat or shorts here.

5 I can't leave now. I have to wait for my brother. He is not here _____.

해석 **1** 나는 아마도 다음 주에 그를 방문할 것이다. 그와 얘기한 후에 너에게 날짜를 알려줄 것이다. **2** 그는 끔찍한 차 사고에서 다치지 않았다. 그것은 기적이었다. **3** 그것은 진실로 훌륭한 영화였다. 스토리와 연기는 정말 놀라웠다. **4** 이곳은 이집트에서 성스러운 장소이다. 너는 여기에서 모자나 반바지를 착용할 수 없다. **5** 나는 지금 떠날 수 없다. 내 남동생을 기다려야 한다. 그는 아직 여기에 오지 않았다.

인도의 상징 중 하나라고 할 수 있는 곳이 갠지스 강 (Ganges River)일 텐데요, 그곳에서는 우리가 보기에 충격적일 수도 있는 풍경이 펼쳐져요. 한쪽에서는 가축과 사람이 몸을 씻고 있고, 다른 한쪽에서는 사람들이 시체를 화장하고 있고, 또 다른 한쪽에서는 이 강물을 마시는 사람들도 있거든요. 이건 종교와 관련된 그들만의 문화라고 할 수 있어요. 인도 사람들 중 80% 정도가 힌두교(Hinduism)를 믿는데요, 그들에게 갠지스 강은 한없이 holy한 장소예요. **힌두교도(Hindus)들은 왜 그 강에서 씻고 심지어 그 물을 마시기도 하는 걸까요?**

SEE THE NEXT PAGE! »

1　밑줄 친 holy에 해당하는 우리말을 쓰세요.

　　_____

2　굵게 표시한 부분과 일치하도록 아래 단어를 알맞게 배열하여 문장을 완성하세요.

Why do Hindus _____

from the river? (the water / and / drink / even / wash in)

교과서 지식
Bank

중학 사회1 - 상대적으로 문화 보기

사람들은 대부분 자신에게 익숙한 일상적인 생활 양식이나 관습은 옳고 좋은 것이며, 익숙하지 않은 생활 양식이나 관습은 이상하다고 생각하는 경향이 있어요. 하지만 그 사회의 특수한 환경과 역사적 배경을 파악하여 객관적으로 이해하려는 태도가 바람직하다고 할 수 있어요.

The Ganges River is one of the most important parts of Hinduism. Hindus believe that the river is a holy place and visit there very often. They think that the goddess Ganga lives in the river. So, Hindus wash in or even drink water from the river. Why? They believe that the river will wash off their sins from
5 the past and bring good luck.

Today, the water in the Ganges is not the same as before. Many scientists say that the river is full of bacteria now. It can be very dangerous to humans. However, Hindus won't stop visiting the river. They say that no one actually got sick from the water in the Ganges yet. Maybe the goddess Ganga really
10 lives in the water. Perhaps, the Ganges River is truly full of miracles.

*Hinduism 힌두교
**Hindu 힌두교도
***sin (종교·도덕상의) 죄, 죄악

🔍 **독해가 더 쉬워지는 Tip** •••

full of : ~로 가득 찬

The amusement park is **full of** children.
(그 놀이공원은 아이들**로 가득 찼다**.)

She just got a box **full of** roses.
(그녀는 방금 장미**로 가득 찬** 상자를 받았다.)

1 이 글의 내용과 일치하도록 다음 각 빈칸에 알맞은 말을 고르세요.

(1) 힌두교도들은 갠지스 강이 _____ 장소라고 생각한다.

(2) 힌두교도들은 갠지스 강에서 _____.

(3) 오늘날 과학자들은 갠지스 강은 인간에게 _____고 말한다.

(4) 힌두교도들은 갠지스 강 때문에 _____ 한다.

(5) 이 글의 주제는 _____이다.

(1) ① 성스러운　　　　　② 목욕하는　　　　　③ 위험한

(2) ① 낚시를 한다　　　　② 식사를 한다　　　　③ 목욕을 한다

(3) ① 위험할 수 있다　　 ② 기적을 보여준다　　③ 행운을 가져올 수 있다

(4) ① 아픈 사람이 많다고　　　　　② 아픈 사람은 없었다고

(5) ① 오염된 갠지스 강의 위험성

　　② 갠지스 강에서 하는 힌두교의 의식

　　③ 갠지스 강을 향한 힌두교들의 믿음

2 다음 중 이 글의 내용과 일치하지 <u>않는</u> 것을 고르세요.

① 힌두교도들은 갠지스 강에 여신이 산다고 믿는다.

② 많은 과학자들은 갠지스 강은 세균이 가득하다고 말한다.

③ 힌두교도들은 갠지스 강이 더러워서 더 이상 방문하지 않는다.

④ 갠지스 강의 여신이 실제로 기적을 행하고 있는지도 모른다.

3 다음 중 이 글에서 언급되지 <u>않은</u> 것을 고르세요.

① 갠지스 강 여신의 이름

② 힌두교도들이 갠지스 강에서 씻는 이유

③ 갠지스 강이 사람에게 위험한 이유

④ 갠지스 강의 오염으로 인한 영향

4 다음 빈칸 (A)와 (B)에 공통으로 들어갈 단어를 본문에서 찾아 쓰세요.

(1) Are you hungry _____(A)_____ ? Dinner will be ready soon.

(2) Don't get too excited about the present _____(B)_____. There is a bigger surprise for you.

---

goddess 여신 / even 심지어, ~조차도 / wash off 씻어 없애다 / past 과거 / bacteria 《복수형》 박테리아, 세균 / however 그러나 / no one 아무도 ~ 않다 / actually 실제로 / perhaps 어쩌면 / full of ~로 가득 찬

교육부 지정 중학 필수 어휘 🎧

정답 및 해설 p.13

report	명 1. (조사 · 연구의) 보고서 2. (신문 등의) 보도, 기사
	동 1. 보고하다 2. **보도하다**
although	접 비록 ~일지라도, ~이기는 하지만
several	형 **몇몇의, 여러 개의**
main	형 주된, 주요한
pollution	명 오염, 공해
traffic	명 (차 · 사람 등의) **교통, 왕래, 통행**

아래 해석을 참고하여 다음 각 빈칸에 적절한 단어를 위의 목록에서 골라 쓰세요. (동사의 시제와 명사의 수에 유의)

1 _____ he is old, he is very strong.

2 _____ is a big problem. We need to protect our only home, the earth.

3 The newspaper _____ on a car accident in our city.

4 We went to _____ places to find a present for my mom. We couldn't decide.

5 There is a lot of _____ on Mondays. So, my dad takes the subway every Monday.

6 The _____ problem was money. They didn't have enough, so they fought all the time.

해석 **1** 비록 그가 나이가 많을지라도 그는 매우 강하다. **2** 오염은 큰 문제이다. 우리는 유일한 집인 지구를 보호해야 한다. **3** 그 신문은 우리 도시에서 일어난 차 사고를 보도했다. **4** 우리는 엄마 선물을 찾기 위해 여러 장소를 갔다. 우리는 결정할 수 없었다. **5** 월요일에는 교통량이 많다. 그래서 우리 아빠는 월요일마다 지하철을 타신다. **6** 주된 문제는 돈이었다. 그들은 충분히 가지고 있지 않아서 내내 싸웠다.

　미국의 테네시(Tennessee)주에는 채터누가(Chattanooga)라는 도시가 있어요. 한때는 미국에서 가장 더러운 도시로 꼽힐 만큼 환경오염이 심한 도시였어요. 특히 대기 **pollution**의 정도가 더 심각했다고 하는데요, 산에 오르면 갈색 스모그가 보이는 것은 말할 것도 없고, 아침에 입고 나간 하얀 셔츠가 오후엔 먼지로 뒤덮여 검게 되는 일이 다반사였다고 해요. 하지만 지금의 채터누가는 친환경 도시로 변해 많은 관광객들이 찾는 곳이 되었답니다. 어떻게 해서 이렇게 변할 수 있었을까요? 한 뉴스 프로그램에서 채터누가를 미국에서 가장 더러운 도시라고 보도한 이후로 조금씩 변했다고 해요. 가장 더러운 도시를 친환경 도시로 바꾼 매체의 힘은 정말 대단하죠?

SEE THE NEXT PAGE! »

1　밑줄 친 pollution에 해당하는 우리말을 쓰세요.

_____

2　이 글의 내용과 일치하면 T, 그렇지 않으면 F를 쓰세요.

(1) 채터누가는 한때 많은 공장으로 인해 가장 발전된 도시라 불렸다. _____

(2) 예전에는 채터누가의 산에 오르면 갈색 스모그가 보였다. _____

(3) 현재 관광객들이 더 이상 채터누가를 찾지 않는다. _____

교과서 지식 Bank

중2 국어 - 방송 매체의 특징

방송 매체는 라디오, 텔레비전을 통해 다량의 정보를 신속하게 전달할 수 있는 장점이 있어요. 라디오는 말과 소리를, 텔레비전은 소리, 사진, 영상, 글자를 수단으로 해요. 시각과 청각을 모두 사용하기 때문에 듣는 사람들의 흥미를 끌 수 있답니다. 짧은 시간에 다양한 사람들에게 많은 정보를 제공하기 때문에 다른 인쇄 매체보다 우리에게 주는 영향은 정말 어마하다고 할 수 있어요.

Chattanooga, Tennessee, was one of the top ten industrial cities in the United States. However, this success was **not all** good for the city. In 1969, the news reported that Chattanooga was the dirtiest city in America. Although people in the city already knew about the problem, it was very shocking. The

5   government decided to take some action in the city. So, they made new laws to make it a clean city. In addition, they closed several factories such as bomb factories. Those factories were the main cause of pollution because they used a lot of coal. Chattanooga is still trying to make a better place to live.

10   _____, there was a 120-year-old bridge, but it was too dangerous for traffic. So, the city made the bridge only for walkers.

*industrial city 공업도시

**coal 석탄

🔍 **독해가 더 쉬워지는 Tip** ••

not all[every] : 모두가 ~은 아니다 (몇몇은 ~지 않다)

Not every story has a happy ending. (**모든** 이야기가 행복하게 끝나는 것**은 아니다**.)
= Some stories have a sad ending. (어떤 이야기는 슬프게 끝난다)

His books are **not all** interesting. (그의 책이 **모두** 흥미로운 것**은 아니다**.)
= Some of his books are not interesting. (몇몇 책은 흥미롭지 않다.)

1 이 글의 내용과 일치하도록 다음 각 빈칸에 알맞은 말을 고르세요.

> (1) 채터누가의 성공은 도시 환경에 _____.
>
> (2) 정부는 살기 좋은 곳으로 만들기 위해 _____을[를] 만들었다.
>
> (3) 120년 이상 된 다리는 이제 _____.
>
> (4) 이 글의 주제는 _____이다.

(1) ① 도움이 되었다 　　② 좋지 않았다 　　③ 어떤 영향도 주지 않았다

(2) ① 새로운 다리 　　② 새로운 공장 　　③ 새로운 법

(3) ① 폐쇄되었다 　　　　　② 보행자들만 사용한다

(4) ① 채터누가의 심각한 대기오염

　　② 깨끗한 도시를 만들기 위한 채터누가의 노력

　　③ 오랜 역사를 자랑하는 채터누가의 다리

2 다음 중 이 글에서 언급된 것을 고르세요.

① 채터누가가 공업 도시로 성공한 비결

② 채터누가의 인구 수

③ 채터누가 오염의 주된 원인

④ 문을 닫은 공장의 수

3 다음 중 글의 빈칸에 들어갈 말로 가장 알맞은 것을 고르세요.

① However 　　② For example 　　③ Also 　　④ Instead

4 다음 중 주어진 문장과 뜻이 같은 것을 고르세요.

> Not all fashion models are tall.

① All fashion models are tall.

② All fashion models are short.

③ Some fashion models are not tall.

---

top 상위, 최고의 / the United States 미국 / however 그러나 / success 성공 / shocking 충격적인 / government 정부 / take action ~에 대해 조치를 취하다, 행동에 옮기다 / law 법, 법률 / in addition 게다가, 또한 / such as ~와 같은 / bomb 폭탄 / cause 원인 / walker 걷는 사람, 보행자

Chapter
09

What to Learn

다이아몬드를 발견할 수 있는 행운이 가득한 다이아몬드 주립공원에 대해 알아봐요.

한반도 신석기 문화를 대표하는 곳이 암사동이라면 스코틀랜드에는 잘쇼프라는 곳이 있어요.

지역의 자연환경, 경제 · 사회적 환경에 따라 다양한 문화가 존재한다는 것을 부활절 달걀을 통해 알아봐요.

풍자가 짙게 깔린 작품 「왕자와 거지」에 대해 알아봐요.

독해가 더 쉬워지는 Tip

Why don`t you ~?

such as
used to + 동사원형

as 형용사/부사 as A

live happily ever after
point out

교육부 지정 중학 필수 어휘 🎧

정답 및 해설 p.16

unique	형	독특한, 유일무이한
surprise	명 동	뜻밖의 일, 놀라움 ~을 놀라게 하다
staff	명	직원
discover	동	1. 발견하다 2. 알다, 깨닫다
public	형 명	공공의, 공중의 대중, 일반 사람들
search	동	찾다, 검색하다

아래 해석을 참고하여 다음 각 빈칸에 적절한 단어를 위의 목록에서 골라 쓰세요. (동사의 시제와 명사의 수에 유의)

1   That beach is open to the _____. Anyone can go there.

2   This painting is _____. It is different from other paintings here.

3   Our _____ members are wearing a blue cap. You can find them easily.

4   The scientists _____ a new dinosaur footprint.

5   The police officers started to _____ for the missing child.

6   What a _____! I thought you were too busy to come to the party.

해석 **1** 저 해변은 대중에게 열려있다. 누구나 그곳에 갈 수 있다. **2** 이 그림은 독특하다. 그건 여기에 있는 다른 그림들과 다르다. **3** 우리 직원은 파란색 모자를 쓰고 있다. 너는 그들을 쉽게 찾을 수 있다. **4** 과학자들은 새로운 공룡의 발자국을 발견했다. **5** 경찰관들은 실종된 아이를 찾기 시작했다. **6** 정말 놀라운 일이구나! 나는 네가 너무 바빠서 파티에 못 올 줄 알았어.

길에서 돈을 주워본 적이 있나요? 아니면 방송에 사연을 보냈는데 그게 당첨되어 선물을 받은 적은요? 가끔 이런 행운의 주인공이 되는 상상을 해보지 않았나요? 그런 상상이 실제로 현실이 될 수도 있는 곳이 있답니다. 바로 다이아몬드 주립공원(Crater of Diamonds State Park)이라는 이름의 장소예요. 이름만 들어도 다이아몬드가 눈앞에 보이는 것 같지 않나요? 이 공원은 미국 아칸소 주에 있는데요, 매년 다이아몬드를 <u>discover</u>하는 사람들이 많기로 유명해요. 얼마 전에도 한 여성이 이곳에서 희귀한 다이아몬드를 발견해 화제가 되기도 했답니다. 다이아몬드를 발견하는 행운이 있는 이곳, 다이아몬드 주립공원에 대해 좀 더 알아볼까요?

SEE THE NEXT PAGE! ≫

1   밑줄 친 discover에 해당하는 우리말을 고르세요.

① 발견하다   ② 검색하다   ③ ~을 놀라게 하다

2   이 글의 내용과 일치하면 T, 그렇지 않으면 F를 쓰세요.

(1) 다이아몬드 주립공원은 미국 아칸소 주에 있다.   _____

(2) 다이아몬드 주립공원에서 다이아몬드를 발견할 수 있다.   _____

(3) 한 여성이 다이아몬드 주립공원에서 거대한 다이아몬드를 발견했다.   _____

**교과서 지식
Bank**

중1 과학 - 다이아몬드

다이아몬드는 순수하게 탄소로만 구성된 광물로, 자연에 존재하는 물질 중에서 가장 단단해요. 다이아몬드는 다른 말로 금강석이라고도 한답니다.

On May 6, 2017, Victoria was walking at Crater of Diamonds State Park. She found a diamond within 10 minutes after she arrived at the park. First, Victoria thought that it was just a unique piece of glass. Then, she went to the information center to check if it was a diamond. She got quite a surprise! A

5 park staff member checked and told her, "This is a brown diamond." It was a 2.65 carat diamond with a brown color. On the same day, two other people discovered diamonds, too.

Only Crater of Diamonds State Park is open to the public among diamond-producing places in the world. In one day, two visitors on average

10 find a diamond. If you find a diamond, you can keep it. So, many diamond hunters visit the park to search for diamonds. Why don't you visit the park? You might just get lucky!

🔍 독해가 더 쉬워지는 **Tip** ••

Why don't you ~? : ~하는 게 어때요? ~하지 않겠니? 《권유 · 제안》

Why don't you visit one of these places this weekend? They all look fun.
(이번 주말에 이 장소들 중 한 곳을 방문**하는 게 어때**? 그것들은 다 재미있어 보여.)

Why don't you talk to your parents first? They will understand.
(네 부모님에게 먼저 얘기**하는 게 어때**? 이해해주실거야.)

1 이 글의 내용과 일치하도록 다음 각 빈칸에 알맞은 말을 고르세요.

> (1) 빅토리아는 자신이 찾은 것이 독특한 _____(이)라고 생각했다.
> (2) 다이아몬드 주립공원은 다이아몬드를 생산하는 장소 중 유일하게 _____
> 열려 있다.
> (3) 이 글의 주제는 _____이다.

(1) ① 나무 조각   ② 모양의 열쇠   ③ 유리 조각
(2) ① 휴일에   ② 대중에게   ③ 24시간
(3) ① 다이아몬드 주립공원 직원의 실수
     ② 다이아몬드를 발견하고 가질 수 있는 주립공원
     ③ 운이 좋은 빅토리아

2 다음 중 이 글에서 언급된 것을 고르세요.

① 다이아몬드 주립공원 입장료
② 빅토리아가 발견한 다이아몬드의 색깔
③ 공원에서 다이아몬드가 많이 발견되는 장소
④ 다이아몬드 주립공원 하루 평균 방문객 수

3 다음 영영 뜻풀이에 해당하는 단어를 이 글에서 찾아 쓰세요.

> to try to find something or someone by looking carefully

_____

4 다음 빈칸 (A)와 (B)에 공통으로 들어갈 단어를 본문에서 찾아 쓰세요.

> (1) It wasn't a ____(A)____ when you lost the game. You didn't practice enough.
> (2) We are going to ____(B)____ her with the mask!

_____

---

diamond 다이아몬드 / within (장소·시간 등) ~이내에 / piece 조각, 일부분 / information center 안내소 / quite 제법, 꽤 / carat 캐럿 《보석의 무게 단위》 / among ~의 사이에, ~ 중에 / produce 생산하다, 산출하다 / on average 평균적으로 / hunter (특정한 것을) 찾아다니는 사람

교육부 지정 중학 필수 어휘 🎧

정답 및 해설 p.17

storm	명 폭풍, 폭풍우
suddenly	부 갑자기
appear	동 1. 나타나다, 나오다 2. ~인 것 같다
separate	형 분리된, 따로 떨어진 동 분리하다, 떼어놓다
steal – stole – stolen	동 훔치다, 도둑질하다
instead	부 대신에

아래 해석을 참고하여 다음 각 빈칸에 적절한 단어를 위의 목록에서 골라 쓰세요. (동사의 시제와 명사의 수에 유의)

1   After the rain, a rainbow _____. It was beautiful.

2   Tom's bike is gone. Somebody _____ it.

3   I don't want to go to the mountains. Let's go to the beach _____.

4   A _____ is coming soon. It will rain a lot, with a very strong wind.

5   There are two _____ bathrooms in this house. One is on the first floor, and the other is on the second floor.

6   My mom stopped the car because a cat jumped in front of our car _____.

해석 1 비가 온 후, 무지개가 <u>나타났다</u>. 그것은 아름다웠다. 2 톰의 자전거가 없어졌다. 누군가 그것을 <u>훔쳤다</u>. 3 나는 산에 가고 싶지 않아. <u>대신</u> 바닷가에 가자. 4 <u>폭풍</u>이 곧 올 것이다. 강한 바람을 동반한 많은 비가 내릴 것이다. 5 이 집에는 두 개의 <u>분리된</u> 화장실이 있다. 하나는 1층에 있고, 다른 화장실은 2층에 있다. 6 고양이 한 마리가 <u>갑자기</u> 우리 차 앞에 뛰어들어서 엄마는 차를 멈췄다.

서울에서 선사시대 유물을 볼 수 있는 곳으로는 암사동이 있죠? 1925년에 대홍수가 나면서 한강이 넘쳤는데, 얼마 지나지 않아 물이 빠지면서 토기, 석기 등과 같은 선사시대 유물이 발견되었어요. 그 후, 여러 고고학자가 토기가 발견된 지역 인근을 조사하기 시작했고, 더 많은 유물을 찾아낼 수 있었답니다. 20여 채의 움집터와 시설, 여러 가지 무늬의 토기, 석기 등의 모습이 **appear**했어요. 이로 인해 암사동은 우리에게 아주 중요한 유적지 중 하나로 여겨지는데요, 스코틀랜드에도 이와 비슷한 유적지가 있다고 해요. 바로 잘쇼프(Jarlshof)라는 곳인데, 이곳도 암사동처럼 아주 우연히 발견되었답니다.

SEE THE NEXT PAGE! »

1　밑줄 친 <u>appear</u>에 해당하는 우리말을 고르세요.

① 나타나다　　　　　② 훔치다　　　　　③ 떼어놓다

2　이 글의 내용과 일치하면 T, 그렇지 않으면 F를 쓰세요.

(1) 1925년에 있던 대홍수로 인해 암사동에서 선사시대 유물들이 발견되었다.　＿＿＿＿＿

(2) 여러 고고학자가 조사를 했지만 토기 외의 유물은 발견되지 않았다.　＿＿＿＿＿

(3) 암사동처럼 우연히 발견된 유적지 잘쇼프(Jarlshof)는 스코틀랜드에 있다.　＿＿＿＿＿

교과서 지식 Bank

중학 역사1 - 한반도 신석기 문화

대표적인 유적지로 강원 양양 오산리와 서울 암사동이 있어요. 신석기 문화는 기원전 8000년경부터 시작되었는데요, 대표적인 유물로는 간석기와 민무늬 토기, 빗살무늬 토기 등이 있어요. 큰 강가나 바닷가 주변으로 움집도 분포되어 있습니다.

There was a big storm in the 1890s in Scotland. The strong winds carried away sand, and Jarlshof suddenly appeared. Soon after, researchers found many interesting things, such as longhouses and outbuildings. What are longhouses and outbuildings? A longhouse is a 21-meter-long wooden house.

5 Many families used to live in them together. An outbuilding is a part of a house, but it is separate from a main building. Many experts also believe that there used to be barns and blacksmiths' workshops as well.

Vikings from Norway came to Jarlshof in the 800s. At first, they just wanted to steal things and move on to another place. But instead, they

10 decided to stay and live there. They built longhouses and lived there with their families. There were also farms, and they kept animals. They made their living that way.

*blacksmith's workshop 대장간

**Viking 바이킹 《스칸디나비아의 한 부족》

🔍 독해가 더 쉬워지는 **Tip** ·······················

such as : ~와 같은

There are many books **such as** cartoons and novels.
(만화와 소설**과 같은** 많은 책들이 있다.)

used to + 동사원형 : ~하곤 했다

We **used to swim** in the river.
(우리는 강에서 **수영하곤 했다**.)

1   **이 글의 내용과 일치하도록 다음 각 빈칸에 알맞은 말을 고르세요.**

> (1) 잘쇼프에서 21m 길이의 나무로 된 _____이[가] 발견되었다.
> (2) 잘쇼프에는 _____도 있었다.
> (3) 노르웨이에서 온 바이킹 부족은 처음에는 _____ 잘쇼프에 왔다.
> (4) 바이킹 부족은 잘쇼프에 정착한 후 _____ 생계를 꾸렸다.
> (5) 이 글의 주제는 _____이다.

(1)   ① 별채   ② 헛간   ③ 공동 주택

(2)   ① 훔친 물건   ② 헛간과 대장간   ③ 모래 언덕

(3)   ① 물건을 훔치기 위해   ② 집을 짓기 위해   ③ 가축을 기르기 위해

(4)   ① 동물들을 사육하면서   ② 다른 곳에서 도둑질하면서

(5)   ① 나무로 된 공동 주택
      ② 바이킹의 정착지, 잘쇼프
      ③ 바이킹의 동물 사육하는 방법

2   **이 글의 내용과 일치하면 T, 그렇지 않으면 F를 쓰세요.**

(1) 1890년대 있었던 폭풍으로 인해 잘쇼프는 사라졌다.   _____

(2) 공동 주택 안에서 많은 가족들은 함께 살았다.   _____

(3) 800년대에 바이킹들은 잘쇼프에서 훔친 후 다른 곳으로 이동했다.   _____

3   **다음 영영 뜻풀이에 해당하는 단어를 이 글에서 찾아 쓰세요.**

> to take something from another without asking

_____

4   **다음 중 이 글에서 언급되지 않은 것을 고르세요.**

① 잘쇼프에서 발견된 것
② 잘쇼프의 공동 주택
③ 바이킹들이 물건을 훔친 이유
④ 바이킹들이 잘쇼프에 온 이유

Scotland 스코틀랜드 / researcher 연구원 / interesting 흥미로운 / such as ~와 같은 / longhouse (일자형의) 공동 주택 / outbuilding 별채 / wooden 나무로 된 / used to ~하곤 했다 / main 주된, 주요한 / expert 전문가 / barn 헛간 / as well ~도, 또한 / Norway 노르웨이 / at first 처음에는 / move on to ~로 이동하다, ~로 옮기다 / make one's living 생계를 꾸리다 / way 방법, 방식

교육부 지정 중학 필수 어휘

정답 및 해설 p.19

special	형 특별한, 특수한
celebrate	동 기념하다, 축하하다
boil	동 1. (물이나 액체가) 끓다, 끓이다 2. **삶다, 삶아지다**
decorate	동 장식하다
spend – spent – spent	동 1. (돈을) 쓰다, 소비하다 2. (시간을) **보내다, 지내다**

아래 해석**을 참고하여 다음 각 빈칸에 적절한 단어를 위의 목록에서 골라 쓰세요.** (동사의 시제와 명사의 수에 유의)

1 You should _____ the noodles now. The guests will be here soon.

2 My brother is studying in Japan. He is going to come here tomorrow, so I can _____ this weekend with him.

3 The actors had to wear _____ clothes for the movie.

4 The city is _____ the holiday with a parade.

5 We _____ the Christmas tree with blue lights.

해석 1 너는 지금 면을 삶아야 한다. 손님들이 곧 여기로 올 것이다. 2 우리 형은 일본에서 공부하고 있다. 그는 내일 여기에 올 예정이어서, 나는 이번 주말을 형과 함께 보낼 수 있다. 3 배우들은 영화를 위해 특별한 옷을 입어야 했다. 4 그 도시는 행진으로 휴일을 기념하고 있다. 5 우리는 파란색 등으로 크리스마스트리를 장식했다.

부활절은 예수의 부활을 <u>celebrate</u>하는 날로, 대부분의 교회에서는 크리스마스만큼이나 특별한 날로 여기며 여러 행사를 한답니다. 영어로는 Easter 혹은 Easter Sunday라고 부르는데요, 나라마다 기념하는 방식이 조금씩 달라요. 어떤 나라에서는 부활절을 기준으로 일주일을 휴일로 지정하기도 한답니다.

달걀은 부활절의 상징이라고 할 수 있을 만큼 아주 중요한 부분 중 하나인데요, 이때 달걀은 봄과 새 생명을 의미한답니다. 그리고 토끼와 양은 대부분 봄에 새끼를 낳아요. 그래서 예전 19세기 유럽 사람들은 새끼 토끼나 새끼 양이 그려진 카드를 주고받기도 했대요. 그럼 **오늘날 사람들은 부활절을 어떻게 보낼까요?**

SEE THE NEXT PAGE! »

1   밑줄 친 <u>celebrate</u>에 해당하는 우리말을 고르세요.

① 장식하다   ② 보내다   ③ 기념하다

2   굵게 표시한 부분과 일치하도록 아래 단어를 알맞게 배열하여 문장을 완성하세요.

How do _____ today? (Easter / spend / people)

교과서 지식
Bank

중학 사회2 - 문화의 다양성

문화란 한 지역에서 나타나는 독특한 생활양식이나 행동양식을 말해요. 문화는 그 지역이나 나라의 환경에 알맞게 생겨난 것이므로 세계 여러 나라에는 다양한 문화가 있지요. 문화가 다양하다는 것을 알고 우리 문화와는 다른 것들도 열린 마음으로 이해하는 것이 중요해요.

Easter is as special as Christmas. Churchgoers in Korea celebrate Easter at churches and sing Easter songs. They also make Easter eggs. They boil eggs and decorate them. Then they give them as presents to others. How do other countries spend Easter? People in other countries use chocolate instead of

5 boiled eggs. They give chocolate eggs as presents. They also have an Easter egg hunt. The game started in Europe in the early nineteenth century. Some mothers and fathers tell their children that the Easter bunny brings eggs

10

and hides them in the garden. Then children go out and find the chocolate eggs. Some women and children also make Easter bonnets. An Easter bonnet is a hat with many flowers on it. _____ to celebrate spring.

*churchgoer 교회를 다니는 사람

**bonnet 보닛 《턱 밑에서 끈을 매는 아기 모자》

🔍 **독해가 더 쉬워지는 Tip** ....

as 형용사/부사 as A: A만큼 ~인[한]

This box is **as heavy as** that one.
(이 상자는 저것**만큼 무겁다**.)

You need to get up **as early as** your sister.
(너는 네 여동생**만큼 일찍** 일어나야 한다.)

1 이 글의 내용과 일치하도록 다음 각 빈칸에 알맞은 말을 고르세요.

> (1) 한국에서는 교회에 다니는 사람들이 부활절에 삶은 달걀을 _____.
> (2) 다른 나라 사람들은 달걀 대신 _____ 사용한다.
> (3) 아이들은 정원에서 달걀 모양 초콜릿을 _____.
> (4) 몇몇의 여성들과 아이들은 _____ 만든다.
> (5) 이 글의 주제는 _____이다.

(1) ① 먹는다   ② 던진다   ③ 장식한다

(2) ① 부활절 토끼를   ② 초콜릿을   ③ 선물 상자를

(3) ① 선물로 준다   ② 장식한다   ③ 찾는다

(4) ① 달걀 모양 초콜릿을   ② 위에 많은 꽃이 있는 모자를

(5) ① 부활절을 보내는 다양한 방법
     ② 아이들이 부활절을 좋아하는 이유
     ③ 사람들이 부활절을 기념하는 이유

2 다음 중 이 글의 내용과 일치하지 <u>않는</u> 것을 고르세요.

① 한국에서 교회에 다니는 사람들은 교회에서 부활절을 기념한다.
② 사람들은 부활절 달걀을 선물로 준다.
③ 부활절 달걀 찾기는 20세기 초에 시작된 게임이다.
④ 보닛 만들기는 유럽의 전통 중 하나이다.

3 다음 중 이 글에서 언급된 것을 고르세요.

① 부활절 달걀의 유래
② 달걀 대신 초콜릿을 이용하는 이유
③ 부활절 달걀 찾기가 처음 시작된 곳
④ 부활절 보닛의 크기

4 문맥상 빈칸에 알맞은 말이 되도록 주어진 어구를 배열하세요.

> one / traditions / it / of / the European / is

_____

Easter 부활절 / instead of ~ 대신에 / boiled egg 삶은 달걀 / Easter egg hunt 부활절 달걀 찾기 / Europe 유럽 / century 세기, 100년 /
bunny 토끼 / hide 숨기다
선택지 어휘 4 tradition 전통, 관례 / European 유럽의

교육부 지정 중학 필수 어휘 🎧

정답 및 해설 p.20

switch	명 스위치
	동 (생각 · 화제 · 장소 등을) **바꾸다, 돌리다**
experience	명 경험, 체험
	동 **경험하다, 체험하다**
normal	형 정상인
	명 **보통, 정상**
interesting	형 **흥미 있는, 재미있는**
reality	명 1. 진실 2. **현실, 사실**
fair	형 1. **공정한, 공평한, 정당한** 2. 꽤 많은, 상당한

아래 해석을 참고하여 다음 각 빈칸에 적절한 단어를 위의 목록에서 골라 쓰세요. (동사의 시제와 명사의 수에 유의)

1 He took some medicine just now. His temperature will be back to ＿＿＿＿＿＿＿＿ soon.

2 You should stop talking. This is the most ＿＿＿＿＿＿＿＿ part in this movie.

3 The teacher made me ＿＿＿＿＿＿＿＿ seats with Tom because I couldn't see the board.

4 When she was in Europe, she learned about and ＿＿＿＿＿＿＿＿ different cultures.

5 If I give you more time to finish the homework, it's not ＿＿＿＿＿＿＿＿ to other students.

6 Sometimes, people want to run away from ＿＿＿＿＿＿＿＿.

해석 1 그는 지금 막 약을 좀 먹었다. 그의 체온은 곧 정상으로 되돌아올 것이다. 2 너는 말을 그만해야 한다. 이것은 이 영화에서 가장 재밌는 부분이다. 3 선생님은 내가 칠판을 볼 수 없었기 때문에 내가 톰과 자리를 바꾸게 하셨다. 4 그녀가 유럽에 있었을 때 그녀는 다른 문화를 배우고 경험했다. 5 만약 내가 너에게 숙제를 끝낼 시간을 더 준다면, 그것은 다른 학생들에게 공평하지 않다. 6 가끔 사람들은 현실에서 도망가고 싶어 한다.

소설 중에는 진지하고 무겁게 느껴져서 재미없게 기억되는 작품들도 있지만, 그렇지 않은 소설도 많아요. 특히 우리나라 고전 소설 중에는 흥미로운 이야기들이 많아요. 예를 들어, 우리가 많이 알고 있는 「흥부전」에 나오는 놀부와 「심청전」에 나오는 뺑덕어멈의 심술을 묘사한 장면들은 절로 웃음이 나는 부분이랍니다. 이처럼 상황을 <u>interesting</u>하고 우스꽝스럽게 표현하는 것을 '풍자(satire)'라고 해요. 특히, 풍자는 당시 사회에서 권위를 지녔지만 정당하지 않은 인물을 비꼬면서 동시에 웃음을 유발하는 표현 방법이에요. 이런 풍자는 우리나라 고전뿐만 아니라 다른 나라의 문학 작품에서도 볼 수 있는데요, 「왕자와 거지(The Prince and the Pauper)」도 그런 작품 중 하나랍니다.

SEE THE NEXT PAGE! »

1 밑줄 친 interesting에 해당하는 우리말을 고르세요.

① 공정한   ② 정상인   ③ 재미있는

2 '풍자'에 관한 설명 중 이 글의 내용과 일치하지 <u>않는</u> 것을 고르세요.

① 「흥부전」의 놀부, 「심청전」의 뺑덕어멈의 심술은 무겁고 진지하게 묘사된다.
② 상황을 재밌고 우스꽝스럽게 표현하는 방법이다.
③ 사회에서 권위를 가졌지만 정당하지 않은 사람을 비꼰다.

교과서 지식 Bank

중3 국어- 풍자

어떤 대상을 우스꽝스럽게 만들거나 다른 것에 빗대어 그것을 깎아내리는 표현 방법을 뜻해요. 풍자는 문학에서 주로 개인이나 사회의 악덕, 부조리를 비판하거나 개선하기 위한 의도로 쓰인답니다.

In *The Prince and the Pauper*, a prince and a pauper looked much alike. One day, the prince switched his clothes and place with the pauper because he wanted to experience something different. But soon, they missed their own places. In the end, everything went back to normal, and the prince and

5 the pauper lived happily ever after. The story seems fun and full of interesting adventures. But it's not like any other story.

The writer, Mark Twain, wanted to describe the difference between our ideal world and reality with the characters, the prince and the pauper. He also wanted to show the problems of England in the 16th century. At that time,

10 in England, society was not fair for people. There was a huge gap between the rich and the poor. Twain wanted to point out that the royals fought over power and didn't care for their people.

*pauper 거지, 빈민

**ideal 이상적인

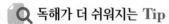

🔍 **독해가 더 쉬워지는 Tip** ••

live happily ever after : 영원히 행복하게 살다

Did Cinderella and the prince **live happily ever after**?
(신데렐라와 그 왕자는 **영원히 행복하게 살았나요**?)

point out : 지적하다, 언급하다

They **point out** that online games can be both good and bad.
(그들은 온라인 게임이 좋을 수도 나쁠 수도 있다고 **지적한다**.)

1 이 글의 내용과 일치하도록 다음 각 빈칸에 알맞은 말을 고르세요.

> (1) 「왕자와 거지」는 왕자와 거지가 _____ 내용이다.
> (2) 「왕자와 거지」는 재미있어 보이지만 _____.
> (3) 작가는 이상적인 것과 _____의 차이를 묘사하고 싶었다.
> (4) 16세기 영국 사회는 _____ 때문에 공평하지 않았다.
> (5) 이 글의 제목은 _____이다.

(1) ① 서로의 모습을 닮아가는   ② 서로 바꾼 자리를 체험하는

(2) ① 다른 이야기들과 다르다   ② 불공평한 이야기이다   ③ 익숙한 이야기이다

(3) ① 재미있는 모험   ② 정상적인 것   ③ 현실

(4) ① 왕족과 백성들의 갈등   ② 부자와 가난한 사람들 격차

(5) ① 「왕자와 거지」를 쓴 작가의 일생

　　 ② 「왕자와 거지」 속 재미있는 모험

　　 ③ 재밌는 동화가 아닌 풍자, 「왕자와 거지」

2 다음 중 이 글에서 언급되지 <u>않은</u> 것을 고르세요.

① 「왕자와 거지」의 결말
② 「왕자와 거지」를 쓴 작가의 이름
③ 「왕자와 거지」를 쓴 작가가 살던 곳
④ 작가가 「왕자와 거지」를 집필한 이유

3 이 글에서 밑줄 친 **experience**와 쓰임이 같은 것을 고르세요.

(a) She has five years' <u>experience</u> in teaching.
(b) Actors can <u>experience</u> different lives when they are acting for movies.

4 다음 빈칸 **(A)**와 **(B)**에 공통으로 들어갈 단어를 본문에서 찾아 쓰세요.

> (1) We have to be ____(A)____ to both players.
> (2) I spend a ____(B)____ amount of time on my homework.

---

alike 서로 같은, 비슷한 / place (사회적) 위치, 신분, 자리 / soon 곧, 머지않아 / own 자기 자신의 / live happily ever after 영원히 행복하게 살다 / adventure 모험 / describe 묘사하다 / difference 차이 / character 등장인물 / century 세기, 100년 / society 사회 / huge 거대한 / gap 큰 차이, 격차 / point out 지적하다, 언급하다 / royal 왕족 / care for ~을 돌보다

Chapter
10

What to Learn	**독해가 더 쉬워지는 Tip**
화산이 무엇인지 몰랐던 과거에 사람들이 믿었던 화산 관련 신화들을 알아봐요.	make up
수학이 예술에도 영향을 미친다는 것을 알고 있나요? 도형의 작도와 옵아트의 관계를 알아봐요.	명령문, or ~
세계적으로 가장 보편적인 노동 시간이 8시간으로 된 계기와 관련 인물에 대해서 알아봐요.	at the same time
16억 명의 무슬림들이 먹는 '할랄 푸드'는 무엇이며 다른 음식과 어떻게 다른지 알아봐요.	according to other than

교육부 지정 중학 필수 어휘 🎧

정답 및 해설 p.23

signal	명 1. 신호 2. **징조, 징후**
blow – blew – blown	동 1. (바람이) 불다 2. (입으로) 불다 3. **폭파하다**
explain	동 (사실 · 입장 등을) **설명하다**
hole	명 **구멍, 구덩이**
stick – stuck – stuck	명 1. 나뭇가지 2. (특정한 목적에 쓰이는) **막대** 동 ~을 붙이다

아래 해석을 참고하여 다음 각 빈칸에 적절한 단어를 위의 목록에서 골라 쓰세요. (동사의 시제와 명사의 수에 유의)

1   He was late for school. So, he _____ the reason, but his teacher didn't believe it.

2   Everyone must get out of the building before the bomb _____.

3   A candy _____ can be very dangerous to children. You should be careful.

4   Pain in the chest is a _____ of poor health.

5   My little brother is digging a _____ in the ground. He is going to put his toy in it.

해석 1 그는 학교에 지각했다. 그래서 그는 그 이유를 설명했지만, 그의 선생님은 그것을 믿지 않았다. 2 그 폭탄이 터지기 전에 모두 빌딩에서 나가야 한다. 3 사탕 막대는 아이들에게 매우 위험할 수 있다. 너는 조심해야 한다. 4 가슴의 통증은 안 좋은 건강의 징후이다. 5 내 남동생은 땅에 구멍을 파고 있다. 그는 그 안에 장난감을 넣어 둘 것이다.

지금은 과학이 많이 발전해서 화산(volcano)이 왜 분출하는지도 알고, 또 언제 분출할 예정인지도 어렵지 않게 예측할 수 있어요. 하지만 과거에는 그렇지 않았답니다. 심지어 화산이 화산인 것도 몰랐던 경우도 있었어요. 예를 들어, 약 2,000년 전에 폼페이라는 도시에 살던 사람들은 그곳에 있던 베수비오 산이 화산이라는 걸 몰랐어요. 그들은 화산이 분출하기 전에 나타나는 지진(earthquake)과 같은 여러 **signal**을 보면서 신이 노해서 보이는 현상이라고 생각했지요. 그래서 화산 폭발에 미리 대비하지 못했고 많은 사람들이 화산재에 묻혀 죽었어요. 그만큼 **오래전에는 사람들이 화산에 대해 잘 몰랐어요.**

SEE THE NEXT PAGE! »

1 밑줄 친 signal에 해당하는 우리말을 고르세요.

① 징조, 징후 　　　② 기상 변화 　　　③ 활동

2 굵게 표시한 부분과 일치하도록 아래 단어를 알맞게 배열하여 문장을 완성하세요.

A long time ago, people _____
volcanoes. (about / know / didn't / much)

교과서 지식 Bank

중1 과학 - 화산 활동

화산 활동은 지하 깊은 곳에 있던 마그마가 지각의 갈라진 틈을 뚫고 분출하는 자연 현상을 말하는데, 태평양 주변과 지중해 주변 지역 등에서 주로 발생한답니다.

An earthquake is a signal that a volcano is ready to blow. Today we know this, but people in ancient Rome didn't. So, they made up stories about volcanoes to explain their origin. In one story, there was the god of fire, Vulcan. He was a blacksmith, and his shop was inside a volcano. His job was
5 to make things for other gods. The fire from a volcano appeared when Vulcan was working in his shop.

In Hawaii, there are many active volcanoes and many stories about them, too. For example, Pele was the goddess of fire, _____ at all. She was very mean. When she was mad, she made a hole of fire in the ground
10 with her magic stick. She started fires in the mountains, and those fires led to volcanoes. Some people still believe that her spirit lives in one of the active volcanoes in Hawaii.

*volcano 화산

**blacksmith 대장장이

🔍 **독해가 더 쉬워지는 Tip** ••••••••••••••••••••••••••••••••••••

make up : (이야기를) 만들어 내다, 지어내다

I don't believe you. Stop **making up** excuses.
(나는 너를 믿지 않아. 변명 좀 그만 **만들어 내**.)

He **made up** a poem and wrote it in the card.
(그는 시를 하나 **지어서** 그것을 카드에 적었다.)

1 **이 글의 내용과 일치하도록 다음 각 빈칸에 알맞은 말을 고르세요.**

> (1) 고대 로마 사람들은 _____를 설명하기 위해 이야기를 만들어 냈다.
>
> (2) 불의 신 불칸의 일은 _____을 만드는 것이었다.
>
> (3) 하와이에는 펠레라는 _____이 있었다.
>
> (4) 이 글의 주제는 _____이다.

(1)　① 화산의 생김새　　② 화산의 유래　　③ 화산과 지진의 관계

(2)　① 불　　② 화산　　③ 다른 신들을 위한 물건

(3)　① 화산의 여신　　② 전쟁의 여신　　③ 불의 여신

(4)　① 화산과 관련된 신화들

　　　② 화산을 지켰던 수호신들

　　　③ 고대 로마 사람들의 창의성

2 **다음 중 이 글에서 언급되지 않은 것을 고르세요.**

① 화산이 폭발하려는 징후

② 불칸의 대장간 위치

③ 하와이에 있는 활화산의 개수

④ 펠레가 화산을 폭발하게 한 방법

3 **다음 영영 뜻풀이에 공통으로 해당하는 단어를 이 글에서 찾아 쓰세요.**

> ⓐ a movement or action to give directions, warning, or other information
>
> ⓑ a sign to start some actions

_____

4 **문맥상 빈칸에 알맞은 말이 되도록 주어진 어구를 배열하세요.**

> she / but / was / nice / not

_____

earthquake 지진 / ancient 고대의 / Rome 로마 / make up (이야기를) 만들어 내다, 지어내다 / origin 기원, 유래 / appear 나타나다 / active volcano 활화산 / goddess 여신 / mean 심술궂은, 성질이 나쁜 / magic 마법의 / lead to (결과적으로) ~로 이어지다, 초래하다 / spirit 영혼

교육부 지정 중학 필수 어휘

정답 및 해설 p.24

seem	동 ~처럼 보이다, ~인 것처럼 생각되다
shape	명 모양, 형태
subject	명 1. (논의) 주제, 문제 2. 과목, 교과 3. (그림·사진 등의) 대상, 소재
landscape	명 풍경, 경치
deliver	동 배달하다, 전하다

아래 해석을 참고하여 다음 각 빈칸에 적절한 단어를 위의 목록에서 골라 쓰세요. (동사의 시제와 명사의 수에 유의)

1 The cookies in the box are different in color and _____.

2 The painter loved the beauty of nature. So most of the _____ of his paintings are natural things.

3 She liked to take pictures of _____ like mountains and forests.

4 There is a hole in her sock. But she doesn't _____ to care.

5 In the past, people used pigeons to _____ messages.

해석 1 그 상자 안에 있는 쿠키들은 색깔과 모양이 다르다. 2 그 화가는 자연의 아름다움을 정말 좋아했다. 그래서 그의 그림의 소재 대부분은 자연적인 것들이다. 3 그녀는 산과 숲 같은 풍경 사진 찍는 것을 좋아했다. 4 그녀의 양말에 구멍이 있다. 그러나 그녀는 신경 쓰지 않는 것처럼 보인다. 5 과거에 사람들은 메시지를 전하기 위해 비둘기를 이용했다.

　옆의 그림을 보면 어떤가요? 움직이는 것 같지 않나요? 단순한 **shape**들이 반복된 것처럼 보이지만, 이것도 예술의 한 형태랍니다. 이러한 것을 '옵 아트(Op Art)'라고 하는데요, 시각적 예술(Optical Art)의 줄임말로 1960년대에 미국에서 생겨났어요. 그 이전에 팝 아트(Pop Art)가 굉장히 유행했었는데, 지나친 상업주의와 상징성 때문에 이를 비판하는 옵아트가 생겨난 것이지요. 이러한 옵아트는 미술계뿐만 아니라 패션과 디자인에도 많은 영향을 끼쳤답니다. 커튼, 방석, 핸드백, 신발, 옷 등 일상 생활용품이나 실제 장식 디자인에도 많이 이용되고 있고, 우리가 이용하는 아이맥스 같은 대형 극장 화면도 옵아트를 이용한답니다. 이러한 옵아트에 대해 더 자세히 알아볼까요?

SEE THE NEXT PAGE! ≫

1　밑줄 친 shape에 해당하는 우리말을 고르세요.

　① 모양, 형태　　　　② 대상, 소재　　　　③ 풍경, 경치

2　이 글의 내용과 일치하면 T, 그렇지 않으면 F를 쓰세요.

　(1) '옵아트(Op Art)'는 팝 아트의 다른 말로 굉장히 유행했다.　＿＿＿＿＿

　(2) 옵아트는 미술계, 패션 그리고 디자인에 큰 영향을 주었다.　＿＿＿＿＿

　(3) 아이맥스 같은 대형 극장 화면도 옵아트를 사용한다.　＿＿＿＿＿

교과서 지식 Bank

중1 수학 - 작도와 옵아트

눈금 없는 자와 컴퍼스만을 사용하여 도형을 그리는 것을 작도라고 해요. 눈금 없는 자는 두 점을 연결하는 선분을 그리거나 선분을 연장하는 데 사용하고, 컴퍼스는 원을 그리거나 주어진 선분의 길이를 옮기는 데 사용하지요. 옵아트는 작도한 도형에 색칠하여 만들어 낼 수 있답니다.

When you look at op art paintings, you will be surprised because they move! Is it magic? Do they really move? Of course not. It's not magic, and they don't really move. They "seem" to move because of optical illusions. Op art paintings use many shapes, patterns, and vivid colors to create visual

5 effects. The illusions of movement come from these shapes, patterns, and colors. So, don't look at them for too long, or you will feel dizzy!

Because op art uses only shapes and patterns, it is different from other kinds of paintings. Most paintings have a subject, such as a thing or a landscape. And they usually stir up feelings and emotions in people. However, op

10 art doesn't have a subject or deliver emotions. Op art has only shapes and patterns, and it delivers only optical illusions for viewers.

*optical illusion 착시

🔍 **독해가 더 쉬워지는 Tip** ••

명령문, or ~ : ···해라, 그렇지 않으면 ~할 것이다

Hurry up, or you will miss the train.
(서둘러라, 그렇지 않으면 너는 기차를 놓칠 것이다.)

Put on a coat, or you will catch a cold.
(코트를 입어라, 그렇지 않으면 너는 감기에 걸릴 것이다.)

1 이 글의 내용과 일치하도록 다음 각 빈칸에 알맞은 말을 고르세요.

> (1) 옵아트는 _____ 때문에 움직이는 것처럼 보인다.
> (2) 옵아트는 시각적인 효과를 위해 _____을[를] 사용한다.
> (3) 옵아트는 다른 종류의 그림들과 _____.
> (4) 옵아트는 사람들의 _____.
> (5) 이 글의 주제는 _____이다.

(1)　① 풍경　　　　　　② 선명한 색　　　　③ 착시

(2)　① 마법　　　　　　② 다양한 주제　　　③ 많은 모양과 무늬

(3)　① 다르다　　　　　② 비슷하다　　　　③ 똑같다

(4)　① 느낌이나 감정을 불러일으킨다　　　② 느낌이나 감정을 불러일으키지 않는다

(5)　① 옵아트의 특징

　　② 옵아트를 최초로 만든 사람

　　③ 옵아트를 그리는 방법

2 다음 중 이 글의 내용과 일치하지 <u>않는</u> 것을 고르세요.

① 옵아트의 그림은 실제로 움직이지 않는다.

② 옵아트의 그림들은 시각적인 효과를 위해 회색만을 사용한다.

③ 오랫동안 옵아트의 그림을 보면 어지러움을 느낄 것이다.

④ 대부분의 그림들은 사물이나 풍경과 같은 대상이 있다.

3 다음 중 이 글에서 언급되지 <u>않은</u> 것을 고르세요.

① 옵아트의 시각적인 효과

② 옵아트를 본 사람들의 반응

③ 옵아트의 대표 화가

④ 옵아트의 대상

4 다음 영영 뜻풀이에 해당하는 단어를 이 글에서 찾아 쓰세요.

> a person or thing in a photograph, painting, or piece of art

_____

surprised 놀란 / **of course not** 물론 아니다 / **pattern** 무늬, 패턴 / **vivid** 선명한 / **create** 창조하다, 만들어 내다 / **visual** 시각의 / **effect** 효과 / **dizzy** 어지러운 / **stir up** 불러일으키다 / **feeling** 느낌, 기분 / **emotion** 감정 / **viewer** 보는 사람, 관찰자

교육부 지정 중학 필수 어휘

정답 및 해설 p.26

run – ran – run	동	1. 달리다, 뛰다 2. (기계 등을) **움직이다, 돌리다**
without	전	~ 없이, ~ 없는
standard	명 형	표준, 기준 **표준의**
double	형 명 동	두 배의 두 배 **두 배가 되다, 두 배로 만들다**
pay – paid – paid	동 명	지불하다 **급료, 임금**
follow	동	1. 따라오다, 따라가다 2. 뒤이어 발생하다 3. (규칙·충고 따위를) **따르다**

아래 해석을 참고하여 다음 각 빈칸에 적절한 단어를 위의 목록에서 골라 쓰세요. (동사의 시제와 명사의 수에 유의)

1 Some people are working a lot more than a _____ 40-hour week.

2 She didn't _____ her coach's advice. As a result, she lost the game.

3 The number of visitors _____! Yesterday there were 250, but 500 people visited today.

4 I need to _____ the fan first. The room is too hot.

5 My brother really likes to cook. He can make cheesecake _____ any help.

6 The workers get their _____ once a month.

해석 1 어떤 사람들은 주당 40시간의 표준 근로 시간보다 훨씬 더 많은 시간을 일하고 있다. 2 그녀는 감독의 조언을 따르지 않았다. 그 결과, 그녀는 경기에서 졌다. 3 방문객 수가 두 배가 되었다! 어제는 250명이었는데, 오늘은 500명이 방문했다. 4 나는 먼저 선풍기를 가동해야 해. 방이 너무 더워. 5 내 남동생은 정말 요리하는 것을 좋아한다. 그는 아무 도움 없이 치즈케이크를 만들 수 있다. 6 노동자들은 한 달에 한 번 임금을 받는다.

우리나라가 일본의 식민지였던 1918년에는 노동 시간이 하루 평균 10시간 정도였고, 1931년에는 공장 노동자의 절반가량이 하루 12시간 노동에 시달렸다고 해요. 1950년대 후반에는 하루 18시간의 중노동을 강요당하는 경우도 많았고요. 그러다 1970년대에 들어서면서 노동 시간이 점차 단축되었어요. 그렇다면 지금 우리는 왜 하루 8시간씩 근무를 하는 걸까요? 이건 우리나라뿐만 아니라 세계적으로 가장 보편적인 노동 시간인데요, 이 <u>standard</u>에 대해서 조금 알아볼까요?

SEE THE NEXT PAGE! ≫

1 밑줄 친 <u>standard</u>에 해당하는 우리말을 고르세요.

① 휴식 ② 표준, 기준 ③ 급료, 임금

2 이 글의 내용과 일치하면 T, 그렇지 않으면 F를 쓰세요.

(1) 1918년 우리나라의 하루 평균 노동 시간은 10시간이었다. _____
(2) 1970년대에 들어서면서 노동 시간이 늘어났다. _____
(3) 8시간의 근무는 세계적으로 가장 보편적인 노동 시간이다. _____

교과서 지식 Bank

중학 역사2 - 산업 사회

18세기 무렵 영국에서 시작된 산업혁명으로 구축된 공업 중심의 사회를 말해요. 공장제 기계 공업의 발달로 생산성이 크게 향상되었고, 생산 방식도 대량 생산 체제로 변화되었지요. 또한 사람들이 공장이 있는 도시로 몰려들면서 도시화가 급속히 진행되었답니다.

In the late 18th century, owners wanted more from their factories. So, they ran their factories without stopping. This means people had to work more. In fact, working 10 to 16 hours a day was very common back then. Of course, workers were not happy about it. However, a brave man, Robert Owen,

5 decided to start a campaign. He wanted to make workers' lives better and healthier. He said, "People should work no more than 8 hours a day. A day should be eight hours work, eight hours recreation, eight hours rest."

The plan worked when the Ford Motor Company started to use the 8-hour workday. They cut standard work hours to eight hours, but also doubled

10 their workers' pay at the same time. It was a shock to many companies and factories, but soon they followed this example. In 2004, Korea introduced "8 working hours," too.

*recreation (기분 전환 · 오락 · 놀이 등에 의한) 휴양, 원기 회복

 독해가 더 쉬워지는 Tip ••

at the same time : 동시에

I am very excited for the new job. But I am nervous **at the same time**.
(나는 새로운 직장 때문에 매우 들떠 있다. 하지만 **동시에** 긴장된다.)

We were talking **at the same time**. So, we couldn't understand each other at all.
(우리는 **동시에** 말하고 있었다. 그래서 서로를 전혀 이해할 수 없었다.)

1 이 글의 내용과 일치하도록 다음 각 빈칸에 알맞은 말을 고르세요.

> (1) 18세기 후반에는 10 ~ 16시간 동안 일하는 것이 _____.
> (2) 로버트 오언(Robert Owen)은 _____을 시작했다.
> (3) 포드 자동차 회사는 표준 근로 시간을 _____으로 줄였다.
> (4) 다른 회사들과 공장들은 _____ 을[를] 따랐다.
> (5) 이 글의 주제는 _____이다.

(1)	① 드물었다	② 흔했다	③ 불가능했다
(2)	① 공장 운영	② 파업	③ 8시간 노동 캠페인
(3)	① 8시간	② 10시간	③ 16시간
(4)	① 정부의 지침	② 포드 자동차 회사의 예	

(5) ① 10 ~ 16시간 노동의 결과

② 로버트 오언의 용기 있는 선택

③ 노동 시간이 8시간이 된 계기

2 다음 중 이 글의 내용과 일치하지 <u>않는</u> 것을 고르세요.

① 18세기 후반에 공장들은 멈추지 않고 돌아갔다.

② 로버트 오언은 하루 8시간 이하로 일해야 한다고 말했다.

③ 포드 자동차는 8시간 근무를 시작하며 임금을 반으로 줄였다.

④ 한국에 8시간 근무가 도입된 것은 2004년이다.

3 이 글에서 밑줄 친 **pay**와 쓰임이 같은 것을 고르세요.

(a) He is not very happy about his <u>pay</u>.

(b) My dad took the check to <u>pay</u> for the food.

4 다음 빈칸 **(A)**와 **(B)**에 공통으로 들어갈 단어를 본문에서 찾아 쓰세요.

> (1) Many kids ____(A)____ the parade. They were enjoying the festival.
> (2) When the scientist put orders into the computer, the robot ____(B)____ them.

---

century 세기, 100년 / **owner** 주인, 소유자 / **mean** ~을 의미하다 / **in fact** 사실은 / **common** 흔한 / **of course** 물론 / **however** 그러나 / **campaign** (사회적 · 정치적) 운동, 캠페인 / **healthy** 건강한 / **rest** 휴식, 수면 / **motor** 자동차 / **cut** 줄이다 / **at the same time** 동시에 / **shock** 충격 / **soon** 곧, 머지않아 / **example** 예, 보기 / **introduce** 도입하다, (처음으로) 들여오다

교육부 지정 중학 필수 어휘 🎧

정답 및 해설 p.28

ever	부 1. 늘, 항상 2. 언젠가, 앞으로 3. 이제까지, 지금까지 《비교급 · 최상급 뒤에서 그 말을 강조할 때》
billion	명 10억
lead – led – led	동 1. **인도하다, 이끌다** 2. ~을 앞서다
prepare	동 준비하다, 준비시키다
fat	형 살찐, 뚱뚱한 명 지방, 비계
case	명 1. (특정한 상황의) **경우** 2. 용기, 통, 상자

아래 해석을 참고하여 다음 각 빈칸에 적절한 단어를 위의 목록에서 골라 쓰세요. (동사의 시제와 명사의 수에 유의)

1   There are more than one _____ people in China.

2   In some _____ people have to wait a week to see the doctor.

3   Foods with _____, such as bacon, taste good. But they are not very healthy.

4   You are looking more beautiful than _____.

5   You need to _____ your house for guests. Start cleaning first.

6   Bad habits can _____ you to many health problems.

해석 1 중국에는 10억 명 이상의 사람들이 있다. 2 어떤 경우에 사람들은 진찰을 받기 위해 일주일을 기다려야 한다. 3 베이컨과 같이 지방이 있는 음식은 맛있다. 하지만 그것들은 건강에 별로 좋지 않다. 4 너는 그 어느 때보다 더 아름다워 보여. 5 너는 손님들을 위해 집을 준비해야 한다. 먼저 청소를 시작해라. 6 나쁜 버릇은 너를 많은 건강문제로 이끌 수 있다.

세계에는 기독교, 불교, 이슬람교, 유대교, 힌두교 등 정말 다양한 종교가 있어요. 우리에게 가장 익숙한 종교는 기독교와 불교일 텐데요, **사실 기독교에 이어 세계에서 두 번째로 큰 종교는 이슬람교(Islam)랍니다.** 이슬람교를 믿는 신자들을 무슬림(Muslim)이라고 하는데, 오늘날 세계에는 16억 명 정도의 무슬림이 있어요. 정말 많죠? 무슬림들은 이슬람 율법에서 허용한 것들만 먹을 수 있어요. 그걸 할랄 푸드(halal food)라고 부르는데, 여기서 '할랄'이란 아라비아 언어로 '허용되는'이라는 뜻이에요.

SEE THE NEXT PAGE! »

1 이 글의 내용과 일치하도록 빈칸에 알맞은 말을 고르세요.

There are about _____ Muslims in the world.

① 1.6 billion ② 16 billion ③ 160 billion

2 굵게 표시한 부분과 일치하도록 아래 단어를 알맞게 배열하여 문장을 완성하세요.

In fact, _____ in the world is Islam. (largest / second / religion / the)

교과서 지식
Bank

중학 사회2- 문화의 공존

같은 지역에 살면서도 문화나 관습이 달라 갈등을 겪는 곳이 있는 반면, 서로 다른 문화가 공존하는 지역도 있어요. 말레이시아에는 원주민인 말레이족, 중국과 인도 출신의 주민들이 섞여 살고 있고, 말레이어, 중국어, 영어 등 다양한 언어가 사용되고 있어요. 또, 이슬람교가 국교이긴 하지만 헌법으로 종교의 자유와 다양성을 보장하고 있답니다.

Halal food is now becoming more important and famous than ever before. Today, more markets and restaurants offer halal food for the world's 1.6 billion Muslims. They hope that it will lead them to success because Muslims can only eat halal food. According to Islamic law, there are special rules for halal food. For example, Muslims can't eat pork. They also have to prepare meat in a special way. First, only Muslims can kill the animals. Second, the killing must not be cruel. Other than meat, Muslims should also avoid cakes, biscuits, and ice cream because such things include animal fat. However, in Islamic law, there are a few special cases. If there is no halal food and a Muslim is starving to death, then a Muslim may have non-halal food to live.

*starve 굶주리다

**Muslim 무슬림, 이슬람교도

***Islamic law 이슬람 율법

🔍 독해가 더 쉬워지는 **Tip** ·······························

 : ~에 따르면

According to the weather forecast, it will rain all day tomorrow.
(일기 예보에 **따르면** 내일 온종일 비가 올 것이다.)

other than : ~외에

Other than singing, she loves visiting museums in her free time.
(노래 부르는 것 **외에**, 그녀는 자유 시간에 박물관에 가는 것을 좋아한다.)

1 이 글의 내용과 일치하도록 다음 각 빈칸에 알맞은 말을 고르세요.

(1) 무슬림들은 _____만 먹을 수 있다.

(2) 이슬람 율법에 따르면, 할랄 푸드에는 _____이 있다.

(3) 고기 외에 무슬림들은 또한 _____을 피해야 한다.

(4) 이 글의 제목은 _____이다.

(1) ① 불에 익힌 음식   ② 천연 재료로 만든 음식   ③ 할랄 푸드

(2) ① 특별한 규칙   ② 특별한 맛   ③ 다양한 건강에 좋은 점

(3) ① 식물성 기름   ② 무슬림이 죽인 동물   ③ 아이스크림

(4) ① 할랄 푸드는 무엇인가?

　　② 이슬람 율법이 무엇인가?

　　③ 왜 사람들을 할랄 푸드를 좋아하는가?

2 다음 중 이 글의 내용과 일치하지 <u>않는</u> 것을 고르세요.

① 할랄 푸드가 유명해지고 있다.

② 잔인하게 도살된 고기는 할랄 푸드가 될 수 없다.

③ 무슬림은 동물성 지방이 포함된 음식을 먹을 수 있다.

④ 특별한 경우에는 무슬림은 할랄 푸드를 먹지 않아도 된다.

3 다음 중 이 글에서 언급된 것을 고르세요.

① 할랄 푸드가 처음 시작된 곳

② 할랄 푸드가 될 수 있는 조건

③ 무슬림이 동물을 죽일 수 없는 이유

④ 할랄 푸드를 거부할 정당한 이유

4 다음 빈칸 (A)와 (B)에 공통으로 들어갈 단어를 본문에서 찾아 쓰세요.

(1) There are many ____(A)____ in different shapes for jewels.

(2) In some ____(B)____, you may go home early.

---

market 시장 / offer 제공하다 / success 성공 / according to ~에 따르면 / rule 규칙, 규정 / pork 돼지고기 / special 특별한 / killing 도살 / cruel 잔혹한, 잔인한 / other than ~ 외에 / avoid 피하다 / biscuit 비스킷 / such 이와 같은, 그러한 / include 포함하다 / however 그러나

Chapter
11

What to Learn

건조 기후 환경에서 형성된 사막, 데스밸리를 통해 기후의 특징을 알아봐요.

확률론 연구의 시초가 된 책을 집필한 지롤라모 카르다노의 삶에 대해 읽어봅시다.

고대 아테네에서 유명했던 철학자 소크라테스가 제자들에게 가르친 것은 무엇일까요?

자신의 생활을 성찰하면서 「어디로 갔을까, 나의 한쪽은」을 통해 글쓴이의 의도를 이해해보세요.

독해가 더 쉬워지는 Tip

get to A

make money

by -ing

one / another / the other

교육부 지정 중학 필수 어휘 🎧

정답 및 해설 p.30

record	명 기록 동 ~을 기록하다
temperature	명 온도, 기온
rarely	부 드물게, 좀처럼 ~하지 않는
flood	명 홍수
happen	동 (일 · 사건 등이) 일어나다, 발생하다
sudden	형 갑작스러운, 불시의

아래 해석을 참고하여 다음 각 빈칸에 적절한 단어를 위의 목록에서 골라 쓰세요. (동사의 시제와 명사의 수에 유의)

1 The _____ is higher in the afternoon than in the evening.

2 The _____ destroyed many houses in the village.

3 The runner broke the 200m world _____.

4 She felt a _____ pain in her legs. For a few minutes, she couldn't walk.

5 My mom _____ goes shopping. She does it maybe once or twice a year.

6 An accident _____ in front of my house. A car hit a tree in the street.

해석 1 기온은 저녁보다 오후에 더 높다. 2 그 홍수는 마을에 있는 많은 집들을 파괴했다. 3 그 달리기 선수는 200m 세계 기록을 깼다. 4 그녀는 다리에 갑작스러운 통증을 느꼈다. 몇 분 동안 그녀는 걸을 수가 없었다. 5 우리 엄마는 거의 쇼핑을 안 하신다. 아마도 일 년에 한 번이나 두 번 하신다. 6 집 앞에서 사고가 일어났다. 어떤 차가 거리에 있는 나무를 들이받았다.

이 사진 속 장소는 데스밸리(Death Valley)라는 곳이에요. 죽음의 골짜기라니, 이름에서부터 정말 무서운 곳이라는 게 느껴지지 않나요? 대체 어떤 곳이기에 이런 이름이 붙은 걸까요?

옛날에 한 탐험가 무리가 이 사막을 지나가다가 길을 잃고 말았어요. 그러다 그중 한 명이 목숨을 잃었는데, 나머지 사람들도 그곳이 자신들의 무덤이 될 것으로 생각했지요. 다행히 이곳을 지나던 다른 사람들의 도움으로 무사히 길을 찾아 나왔지만, **그들이 그곳을 떠날 때 "잘 있거라, 죽음의 골짜기여.(Goodbye, Death Valley.)"라고 했다고 해요.** 이후로 그곳은 계속 그렇게 불렸고 정식 명칭이 되었답니다.

SEE THE NEXT PAGE! »

1 굵게 표시한 부분과 일치하도록 아래 단어를 알맞게 배열하여 문장을 완성하세요.

When _____, "Goodbye, Death Valley."
(said / they / left / they)

2 이 글의 내용과 일치하면 T, 그렇지 않으면 F를 쓰세요.

(1) 탐험가 무리 중 한 명이 사막을 지나가다가 목숨을 잃었다. _____

(2) 길을 잃은 탐험가 무리는 누구의 도움도 받지 못했다. _____

(3) 탐험가 무리가 사막을 떠나며 부른 이름이 정식 명칭이 되었다. _____

교과서 지식 Bank

중학 사회1 - 건조 기후

건조 기후는 비가 적게 내리고 강수량보다 증발량이 더 많아요. 이런 기후 환경에서는 사막이나 초원이 형성되지요. 사막이나 초원은 낮 동안에 강한 햇볕을 받으면 기온이 높게 올라가지만, 저녁이 되면 기온이 급격히 떨어져 일교차가 매우 크답니다.

Death Valley is the hottest and driest place in North America. ⓐ It even used to have the world record for the hottest temperature. On one day in 1914, ⓑ it was about 57°C. In such a hot and dry place as Death Valley, you rarely see plants or animals. The animals there sometimes even faint from

5　the heat. ⓒ It is also the lowest place in the United States. ⓓ It is about 86 meters below sea level.

10

When it rains, flash floods often happen. A flash flood is a sudden flood after a rain. The ground is very dry and hard. So, the rain can't go into the ground easily. This causes a flood. If you see any signs of a flash flood, get to higher ground as fast as possible.

*faint 기절하다

🔍 **독해가 더 쉬워지는 Tip** ••

`get to A` : A에 도착하다[닿다]

I need to **get to the station** in 5 minutes. The train will leave soon.
(나는 5분 안에 **역에 도착해야** 한다. 기차는 곧 떠날 것이다.)

He will call you as soon as he **gets to Japan**.
(그는 **일본에 도착하자마자** 너에게 전화할 것이다.)

1 이 글의 내용과 일치하도록 다음 각 빈칸에 알맞은 말을 고르세요.

> (1) 데스밸리는 북아메리카에서 가장 _____ 곳이다.
>
> (2) 데스밸리에 있는 동물들은 열기 때문에 _____.
>
> (3) 데스밸리는 _____ 때문에 종종 홍수가 일어난다.
>
> (4) 이 글의 주제는 _____이다.

(1)　① 비가 많이 오는　　　② 덥고 건조한　　　③ 위험한

(2)　① 가끔 기절한다　　　② 활동하지 않는다　　　③ 아무것도 먹지 않는다

(3)　① 땅이 너무 건조하고 단단하기　　　② 갑작스러운 비가 많이 오기

(4)　① 데스밸리의 세계 신기록

　　② 데스밸리의 자연 환경

　　③ 데스밸리에서 홍수를 예방하는 법

2 다음 중 이 글의 내용과 일치하지 <u>않는</u> 것을 고르세요.

① 데스밸리는 1914년에 섭씨 57도를 기록했다.

② 데스밸리에서는 식물이나 동물들이 자주 목격된다.

③ 데스밸리는 미국에서 가장 낮은 곳이다.

④ 데스밸리에서는 빗물이 땅속으로 쉽게 스며들지 않는다.

3 글의 밑줄 친 ⓐ ~ ⓓ 중, 가리키는 대상이 나머지 셋과 <u>다른</u> 것을 고르세요.

① ⓐ　　　② ⓑ　　　③ ⓒ　　　④ ⓓ

4 다음 빈칸 (A)와 (B)에 공통으로 들어갈 단어를 본문에서 찾아 쓰세요.

> (1) The nurse started to ___(A)___ my height and weight in my health chart.
>
> (2) The speed skater broke her own ___(B)___ and set a new one.

_____

even 심지어, ~조차도 / used to ~하곤 했다 / such 이와 같은, 이러한 / sea level 해수면 / flash 돌발적인 / cause ~을 초래하다 / sign 징후, 조짐 / get to A A에 도착하다, 닿다 / possible 가능한

02

교육부 지정 중학 필수 어휘 🎧

정답 및 해설 p.31

hit – hit – hit	동 1. 때리다, 치다 2. (폭풍 등이 어떤 곳을) **덮치다, 엄습하다**	
disease	명 병, 질병	
medicine	명 1. 약, 내복약 2. **의학, 의술**	
gamble	동 **도박을 하다, 노름을 하다**	
chance	명 1. 기회 2. **가능성, 승산, 확률**	

아래 해석을 참고하여 다음 각 빈칸에 적절한 단어를 위의 목록에서 골라 쓰세요. (동사의 시제와 명사의 수에 유의)

1 He has no _____ of winning this game.

2 A bad storm _____ the island last week. Luckily, nobody died from it.

3 Dirty water is the cause of many _____ in poor countries.

4 The man lost his house and all his money because he _____ too much.

5 He wants to be a doctor. So, he will study _____ at university.

해석 **1** 그는 이 게임을 이길 가능성이 없다. **2** 심한 폭풍이 지난주에 그 섬을 덮쳤다. 다행히도 그것으로 인해 아무도 죽지는 않았다. **3** 더러운 물은 가난한 나라에서 많은 질병의 원인이다. **4** 그 남자는 도박을 너무 많이 해서 그의 집과 모든 돈을 잃었다. **5** 그는 의사가 되고 싶어 한다. 그래서 그는 대학에서 의학을 공부할 것이다.

이탈리아의 수학자, 지롤라모 카르다노(Girolamo Cardano)에 대해서 들어본 적 있나요? 그는 수학자이기도 했지만, 본업은 의사였고 철학, 물리학, 천문학 등 여러 학문을 연구한 학자였어요. 또한, 「기회의 게임에 관하여」라는 책을 집필했는데, 그 책은 확률론 연구의 시초가 되었답니다. 이렇게 뛰어난 수학자였지만 **성격이 괴팍해서 사람들이 그를 그리 좋아하지는 않았어요.** 또한 점성술에 심취했었는데, 자신이 언제 죽을지 미리 예언했어요. 정말 그 날짜에 죽었는지 궁금하지요? 슬프게도 그 날짜에 죽기 위해 자살을 선택했다고 해요. 죽음까지도 평범하지 않았던 카르다노의 삶은 다른 수학자들에 비해 조금 미묘하고 복잡해요.

SEE THE NEXT PAGE! »

1 이 글의 내용과 일치하면 T, 그렇지 않으면 F를 쓰세요.

(1) 카르다노는 철학, 물리학 등 여러 학문을 연구했다. _____

(2) 카르다노가 집필한 책은 확률론 연구의 시초가 되었다. _____

(3) 카르다노는 자신이 예언한 날짜에 죽기 위해 자살했다. _____

2 굵게 표시한 부분과 일치하도록 아래 단어를 알맞게 배열하여 문장을 완성하세요.

Many people didn't like him _____
_____. (mean / because / was / he)

교과서 지식 Bank

중2 수학 - 확률

같은 조건 아래에서 많은 횟수의 실험이나 관찰을 할 때, 어떤 사건이 일어나는 가능성을 확률이라고 해요. 확률을 나타낼 때는 보통 분수, 소수, 백분율(%) 등으로 나타냅니다. 예를 들어, 같은 조건에서 동전 한 개를 던졌을 때 앞면이 나올 확률은 $\frac{1}{2}$ 또는 0.5 혹은 50%라고 나타낼 수 있는 것이지요.

Girolamo Cardano's father married a woman with three children. Before Cardano was born, the plague hit Milan. So, the mother moved to another city. Cardano was born, but the mother was sad because the other three children died from the disease. After that, his mother didn't care for him, and he was often ill. Later, he helped his father with his work. But it wasn't easy for Cardano, so his father taught him math instead. Soon, he decided to study medicine to be a doctor.

Cardano was a clever student, but also very rude. Not many people liked him. He started to gamble and made money. He won more than he lost because he understood chance in gambling. However, he also carried a knife and cut others' faces when he thought they cheated him. He couldn't stop gambling, and soon he lost most of his money and people's respect, too.

*the plague 흑사병

**Milan 밀라노 《이탈리아 북부에 있는 도시》

🔍 독해가 더 쉬워지는 **Tip** ●●

make money : 돈을 벌다

She had to **make money** for her poor family.
(그녀는 자신의 가난한 가족을 위해 **돈을 벌어**야 했다.)

The man **made money** by buying old houses, fixing them, and selling them again.
(그 남자는 오래된 집을 사서 고치고 다시 팔면서 **돈을 벌었다**.)

1 이 글의 내용과 일치하도록 다음 각 빈칸에 알맞은 말을 고르세요.

(1) 카르다노가 태어났을 때 그의 다른 형제들은 밀라노에서 _____.
(2) 카르다노의 아버지는 카르다노에게 _____을 가르쳤다.
(3) 사람들이 카르다노를 좋아하지 않은 이유는 그가 _____ 때문이다.
(4) 카르다노는 결국 _____ 때문에 모든 것을 잃었다.
(5) 이 글의 제목은 _____이다.

(1)	① 아버지를 도왔다	② 질병으로 죽었다	③ 공부했다
(2)	① 수학	② 의학	③ 도박
(3)	① 영리했기	② 너무 무례했기	③ 너무 더러웠기
(4)	① 학업	② 명예	③ 도박

(5) ① 카르다노의 불운한 어린 시절
② 수학 천재 카르다노
③ 평탄하지 않았던 카르다노의 삶

2 다음 중 이 글에서 언급된 것을 고르세요.

① 카르다노가 태어난 도시
② 카르다노 아버지의 직업
③ 사람들이 카르다노를 속인 이유
④ 카르다노가 도박에서 이겼던 이유

3 다음 빈칸 (A)와 (B)에 공통으로 들어갈 단어를 본문에서 찾아 쓰세요.

(1) You need to take _____(A)_____ for your cold. It will get better.
(2) The girl wants to study _____(B)_____. Her dream is to become a doctor.

_____

4 다음 문장을 우리말로 해석하세요.

He worked very hard and made a lot of money.

_____.

be born 태어나다 / care for ~을 보살피다[돌보다] / ill 아픈, 병이 든 / instead 대신에 / soon 곧, 머지않아 / clever 영리한 / rude 무례한, 버릇없는 / make money 돈을 벌다 / cheat 속이다 / respect 존경, 경의

교육부 지정 중학 필수 어휘

정답 및 해설 p.33

question	명 1. **질문** 2. 문제 동 **질문하다, 묻다**
justice	명 **정의**
while	접 1. **~하는 동안, ~하는 사이** 2. ~인 데 반하여 명 (잠깐) 동안, 잠깐
realize	동 **~을 깨닫다, ~을 실감하다**
gain	동 1. **~을 얻다, 달성하다** 2. (무게·속도 등을) 늘리다
develop	동 1. **발달시키다, 발전시키다** 2. (자원·토지를) 개발하다

아래 해석을 참고하여 다음 각 빈칸에 적절한 단어를 위의 목록에서 골라 쓰세요. (동사의 시제와 명사의 수에 유의)

1　_____ you are angry, I will not speak to you.

2　The man worked very hard to _____ trust.

3　I just _____ that I made a wrong choice.

4　The food tastes terrible. You need to _____ your cooking skills.

5　She _____ the child about the broken glass, and he told the truth.

6　Many people fought for _____. As a result, the world is more fair.

해석 1 네가 화가 나 있는 동안, 나는 너에게 말하지 않을 것이다. 2 그 남자는 신뢰를 얻기 위해 매우 열심히 일했다. 3 나는 잘못된 선택을 했다는 것을 방금 깨달았다. 4 음식 맛이 형편없다. 너는 요리 실력을 발전시켜야 한다. 5 그녀는 그 아이에게 깨진 유리잔에 대해 물었고, 그 아이는 진실을 말했다. 6 많은 사람들은 정의를 위해 싸웠다. 그 결과, 세상은 좀 더 공평하다.

'고대 그리스 아테네의 철학자'라고 했을 때 떠오르는 사람은 누구인가요? 아마 대표적으로 언급되는 사람이 바로 소크라테스(Socrates)일 텐데요. 소크라테스는 기원전 5세기경에 활동했던 철학자이지만 정작 본인의 사상이나 삶에 대해 직접 쓴 글은 없다고 해요. 그러면 어떻게 우리가 그에 대해서 알 수 있었을까요? 바로 그의 제자들이 쓴 글을 통해서 알 수 있었어요. 그 중에서도 플라톤(Plato)과 크세노폰(Xenophon)의 글을 통해 소크라테스의 많은 점을 엿볼 수 있어요. 이들의 글을 보면 소크라테스에게는 많은 제자들이 있었고, 제자들을 가르칠 때 question과 그에 대한 대답을 이용했다는 것을 알 수 있는데요, 소크라테스의 가르침에 대해 조금 더 자세히 알아볼까요?

SEE THE NEXT PAGE! ≫

1 밑줄 친 question에 해당하는 우리말을 고르세요.

① 정의 　　　　② 깨달음 　　　　③ 지식 　　　　④ 질문

2 이 글의 내용과 일치하면 T, 그렇지 않으면 F를 쓰세요.

(1) 소크라테스는 그리스 아테네를 대표하는 철학자 중 한 명이다. 　　_____

(2) 소크라테스는 자신의 사상과 삶에 대해 많은 글을 썼다. 　　_____

(3) 소크라테스에게는 제자가 많이 없었다. 　　_____

교과서 지식 Bank

중학 역사1 - 고대 그리스의 문화

고대 그리스의 문화는 인간 중심적인 특징을 가지고 있어요. 철학, 문학, 건축 분야에서 우리에게 친숙한 철학자 소크라테스, 호메로스의 「오디세이」, 파르테논의 신전 등 오늘날 서양 문화의 밑바탕이 되어 역사적으로 많은 영향을 주었어요.

There were many teachers in ancient Athens. Socrates was one of the most famous. He taught his students by asking questions. He questioned everything. He wanted his students to question everything too and think for themselves. He asked basic questions of life, like "What is justice?" or "What

5 is truth?" When the students answered, Socrates added more questions. While they were trying to answer those questions, they realized that they knew little about things. Socrates told his students, "Know thyself." He wanted them to see that they knew nothing. He thought that, in this way, they would try to gain knowledge. The goal of Socrates' questioning was to

10 help people. He wanted them to develop self-knowledge. Today, people call his way of teaching the Socratic Method.

*Athens 아테네 《그리스의 수도; 고대 그리스 문명의 중심지》

**thyself 《고어》 당신 자신 (= yourself)

***the Socratic Method 소크라테스식 문답법

🔍 **독해가 더 쉬워지는 Tip** ••

by -ing : ~함으로써, ~하면서

I teach kids **by using** small dolls.
(나는 작은 인형들을 **사용하면서** 아이들을 가르친다.)

We can solve this problem **by talking**.
(우리는 **대화함으로써** 이 문제를 해결할 수 있다.)

1 **이 글의 내용과 일치하도록 다음 각 빈칸에 알맞은 말을 고르세요.**

> (1) 소크라테스는 고대 아테네에서 _____ 스승 중 하나였다.
> (2) 소크라테스는 _____에 대해 질문했다.
> (3) 소크라테스는 자신의 제자들이 _____ 깨닫기를 원했다.
> (4) 소크라테스는 _____을 발달시키기를 원했다.
> (5) 이 글의 제목은 _____이다.

(1) ① 가장 현명한   ② 가장 어려운   ③ 가장 유명한
(2) ① 고대 아테네   ② 그의 학생들   ③ 모든 것
(3) ① 아무것도 모른다는 것을   ② 많은 지식을 얻었다는 것을
(4) ① 자기 인식   ② 자기 실력   ③ 소크라테스를 향한 믿음
(5) ① 소크라테스가 했던 연설
     ② 소크라테스의 가르침
     ③ 제자들의 소크라테스에 대한 신뢰

2 **다음 중 소크라테스가 했던 말이 <u>아닌</u> 것을 고르세요.**

① 정의란 무엇인가?
② 진리란 무엇인가?
③ 너 자신을 알라.
④ 사람들을 도와라.

3 **밑줄 친 themselves가 가리키는 것을 같은 문장에서 찾아 쓰세요. (두 단어)**

_____

4 **다음 영영 뜻풀이에 해당하는 단어를 이 글에서 찾아 쓰세요.**

> to become better and stronger

_____

ancient 고대의, 먼 옛날의 / basic 기초의, 근본적인 / truth 진리 / way 방법 / knowledge 지식 / goal 목적, 목표 / self-knowledge 자기 인식

교육부 지정 중학 필수 어휘

정답 및 해설 p.34

miss	동	1. 놓치다, 빗나가다 2. **그리워하다**
missing	형	1. **사라진, 빠진** 2. 행방불명인
give up – gave up – given up	구	포기하다
perfect	형	**완전한, 완벽한**
roll	동 명	**구르다, 굴리다** 두루마리
sharp	형	날카로운, 뾰족한
finally	부	드디어, 마침내

아래 해석을 참고하여 다음 각 빈칸에 적절한 단어를 위의 목록에서 골라 쓰세요. (동사의 시제와 명사의 수에 유의)

1 Be careful with that knife. It is very _____.

2 I borrowed a book from the library. But a few pages were _____. I couldn't finish it.

3 I looked for my glasses and _____ found them. They were under the sofa.

4 It was sunny, and there were not many people. It was the _____ time for a vacation.

5 The boys _____ down the hill. They had so much fun.

6 Don't _____ yet. There is still enough time. We can win this game.

7 I _____ my friends and family when I was abroad.

해석 1 그 칼을 조심해라. 그것은 매우 날카롭다. 2 나는 도서관에서 책을 한 권 빌렸다. 하지만 몇몇 쪽이 빠져 있었다. 나는 그 책을 다 읽을 수 없었다. 3 나는 내 안경을 찾다가 마침내 발견했다. 안경은 소파 밑에 있었다. 4 날씨는 화창했고 사람들도 많지 않았다. 휴가로는 완벽한 시간이었다. 5 그 남자아이들은 언덕을 굴러 내려갔다. 그들은 무척 재미있게 놀았다. 6 아직 포기하지 마. 아직 충분히 시간이 있어. 우리는 이 경기에서 이길 수 있어. 7 나는 해외에 있을 때 친구들과 가족을 그리워했다.

여러분의 생활을 한번 돌아보세요. 만족스러운가요? 일상생활을 하다 보면 때로는 자신의 부족함 때문에 주변 친구, 가족들뿐만 아니라 자기 자신에게 불만을 느끼기도 하죠. 무엇에도 자신감이 안 생기고 학교생활도 재미없게만 느껴지고요. 물론 더 나은 삶을 위해 부족한 부분을 채우고 불만을 해소해나가는 과정도 중요해요. 하지만 자신의 부족함에만 집착해 일상의 즐거움과 주변의 소중한 것을 놓치거나 give up하고 있지는 않은지 한 번쯤 살펴볼 필요도 있어요. **쉘 실버스타인(Shel Silverstein)**의 「어디로 갔을까, 나의 한쪽은」이라는 **이야기는 우리로 하여금 우리의 일상 속 소중함을 깨닫게 해준답니다.** 어떤 내용인지 함께 읽어볼까요?

Shel Silverstein

THE MISSING PIECE

SEE THE NEXT PAGE! »

---

1 밑줄 친 give up에 해당하는 우리말을 고르세요.

① 포기하다   ② 무시하다   ③ 사라지다

2 굵게 표시한 부분과 일치하도록 아래 단어를 알맞게 배열하여 문장을 완성하세요.

The story from Shel Silverstein _____
the importance of our lives. (makes / realize / us)

교과서 지식 Bank

중3 국어 - 자신의 삶을 성찰하는 습관이 읽기 능력에 미치는 영향

글을 읽을 때, 글쓴이의 생각을 제대로 이해하지 못하는 사람이 있는가 하면, 글쓴이가 말하고자 하는 바를 정확하게 이해하고 충분히 공감하는 사람도 있지요. 이는 자기 생활의 경험에 비추어 읽는 힘의 차이에서 비롯돼요. 즉, 자기 자신의 생활을 점검하는 습관을 지닌다면 남의 글을 읽고 자신의 것으로 만드는 데 큰 도움이 된답니다.

Once upon a time, there was a circle. He was missing a piece of himself. He was very sad, so he decided to find his missing piece. But it wasn't easy at all. Sometimes, the sun was too hot. Sometimes, the cold rain fell on him. But he didn't give up. Because he was not a perfect circle, he couldn't roll fast. He
5 stopped sometimes and talked with worms or smelled the flowers. One day, he found one piece on the street, but it wasn't his. He was sad, but he moved on. He found another piece. But it was too small. Another one was too big, and another was too sharp. Finally, he found the perfect piece. He became whole at last! He then rolled much faster than before. However, he couldn't
10 stop. _____, he couldn't talk with the worms or smell the flowers. He was complete, but he wasn't happy. So, he put down his piece and left.

🔍 독해가 더 쉬워지는 **Tip** ....

one : 하나의   another : 또 다른, 또 하나의   the other : 나머지의

여러 개의 물건이 있는 경우 각각의 것을 지칭할 때 첫 번째는 one, 두 번째부터는 another, 마지막 한 개는 the other를 쓴다.

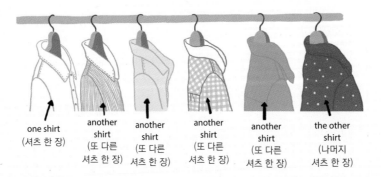

one shirt (셔츠 한 장)   another shirt (또 다른 셔츠 한 장)   another shirt (또 다른 셔츠 한 장)   another shirt (또 다른 셔츠 한 장)   another shirt (또 다른 셔츠 한 장)   the other shirt (나머지 셔츠 한 장)

1   이 글의 내용과 일치하도록 다음 각 빈칸에 알맞은 말을 고르세요.

> (1) 동그라미는 _____을 찾기로 결심했다.
>
> (2) 동그라미는 _____ 빨리 구를 수 없었다.
>
> (3) 동그라미는 가끔 멈춰서 _____.
>
> (4) 동그라미는 마침내 완벽하게 되었지만 _____.
>
> (5) 이 글의 제목은 _____이다.

(1)   ① 부모님   ② 마음이 통하는 친구들   ③ 자신의 없어진 조각

(2)   ① 완벽한 동그라미가 아니어서   ② 날씨가 더워서   ③ 차가운 비가 내려서

(3)   ① 꽃을 심었다   ② 꽃과 이야기했다   ③ 벌레와 이야기했다

(4)   ① 꽃 냄새를 맡았다   ② 행복하지 않았다   ③ 빨리 구를 수 없었다

(5)   ① 동그라미가 완벽하게 되는 방법

         ② 완벽한 동그라미의 좋은 점

         ③ 행복을 찾아 떠난 동그라미

2   다음 중 이 글에서 언급된 것을 고르세요.

① 동그라미가 살던 곳

② 동그라미의 조각이 없어진 이유

③ 완벽한 동그라미가 될 때까지 걸린 시간

④ 동그라미가 다시 자신의 조각을 내려놓은 이유

3   다음 중 글의 빈칸에 들어갈 말로 가장 알맞은 것을 고르세요.

① Similarly   ② For example   ③ Instead   ④ So

4   다음 영영 뜻풀이에 해당하는 단어를 이 글에서 찾아 쓰세요.

> to stop trying to do something

_____

once upon a time 옛날 옛날에 / **fall** 떨어지다 / **worm** 벌레 《지렁이 · 거머리 등》 / **move on** (새로운 일 · 주제로) 옮기다, 넘어가다 / **whole** 완전한 / **at last** 마침내, 드디어 / **however** 그러나 / **complete** 완전한

Chapter
12

What to Learn	**독해가 더 쉬워지는 Tip**
브라질 아마존을 지키기 위해 노력하는 환경운동가 마리나 시우바의 일생에 대해 읽어봐요.	be[get] interested in
발전된 과학 기술로 우리 생활이 편리해진 가운데 탄생한 일본의 한 특별한 자판기에 대해 알아봐요.	too + 형용사/부사 + to + 동사원형
평면도형에서 닮음의 성질을 우리가 즐겨 먹는 피자로 알아봐요.	have A in common
군사적 천재라고 불리는 알렉산더 대왕과 그의 군마 부세팔로스에 대해 읽어봐요.	if

01

마리나 시우바

교육부 지정 중학 필수 어휘 🎧

정답 및 해설 p.37

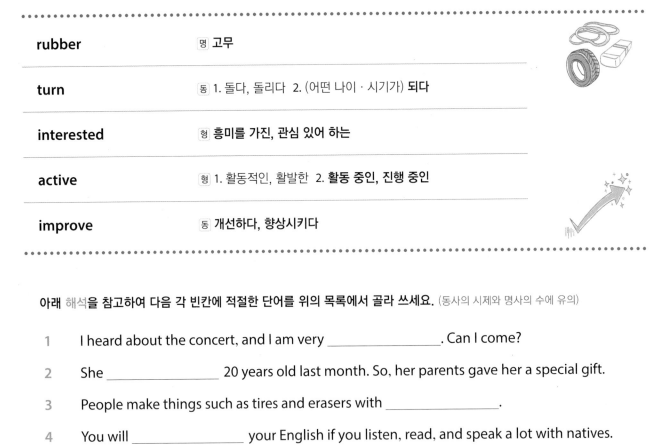

rubber	몡 고무
turn	동 1. 돌다, 돌리다 2. (어떤 나이·시기가) 되다
interested	혱 흥미를 가진, 관심 있어 하는
active	혱 1. 활동적인, 활발한 2. 활동 중인, 진행 중인
improve	동 개선하다, 향상시키다

아래 해석을 참고하여 다음 각 빈칸에 적절한 단어를 위의 목록에서 골라 쓰세요. (동사의 시제와 명사의 수에 유의)

1   I heard about the concert, and I am very _____. Can I come?

2   She _____ 20 years old last month. So, her parents gave her a special gift.

3   People make things such as tires and erasers with _____.

4   You will _____ your English if you listen, read, and speak a lot with natives.

5   He is an _____ member of the book club.

해석 1 나는 콘서트에 대해 들었는데 매우 관심이 있어. 가도 될까? 2 그녀는 지난달에 스무 살이 되었다. 그래서 그녀의 부모님은 그녀에게 특별한 선물을 주셨다. 3 사람들은 고무로 타이어와 지우개 같은 물건들을 만든다. 4 네가 듣고 읽고 원어민과 많이 얘기하면 너의 영어 실력이 향상될 것이다. 5 그는 책 동아리에서 활동 중인 회원이다.

브라질은 세계에서 다섯 번째로 넓은 면적을 가진 나라예요. 면적이 넓다 보니 다양한 기후의 지역들이 있는데요, 그중에서 열대 우림 지역인 아마존(Amazon)은 우리도 많이 들어본 익숙한 곳이에요. 바로 그 아마존에서 태어나 어려운 가정환경을 딛고 브라질의 환경부 장관의 자리에 오른 인물이 있는데요. 그녀의 이름은 마리나 시우바(Marina Silva)예요. 환경부 장관으로 <u>active</u>일 때 마리나 시우바는 불법적인 개발 활동을 금지하고, 환경 파괴가 없는 개발을 장려했어요. 또, 토지의 계획적 이용을 통해 2004년부터 2007년까지 3년 동안 산림 파괴율을 57%나 낮추었다고 해요. 2007년에는 영국의 유명한 신문인 '가디언(The Guardian)'지에서 뽑은 '지구를 살릴 수 있는 50명의 사람들'에 올랐고, 2008년에는 '타임(Time)'지에서 뽑은 '환경 영웅'으로도 지명되었다고 해요.

SEE THE NEXT PAGE! ≫

1 밑줄 친 <u>active</u>에 해당하는 우리말을 고르세요.

① 흥미를 가진   ② 활동 중인   ③ 찬성하는

2 이 글의 내용과 일치하면 T, 그렇지 않으면 F를 쓰세요.

(1) 브라질은 열대 우림 기후를 가진 나라이다.   _____
(2) 마리나 시우바는 아마존에서 태어나 어려운 가정환경 속에 자랐다.   _____
(3) 마리나 시우바는 불법적인 개발 활동을 금지시켰다.   _____

교과서 지식 Bank

중학 사회1 - 열대 우림 지역

지구에는 다양한 기후가 나타나는데요, 인간이 살기에 적합한 기후 지역도 있지만 그렇지 않은 지역도 있어요. 그중 열대 우림 지역은 일 년 내내 기온이 높고 강수량이 많은데, 날씨가 무척 덥기 때문에 주민들은 얇고 가벼운 옷을 입고, 음식이 쉽게 상하기 때문에 음식이 상하지 않도록 다양한 향신료를 사용해요.

Marina Silva was from a poor family in Acre, Brazil, in the Amazon forest. When she was young, she had to work with her parents and eleven brothers and sisters. Her work was to get rubber from rubber trees. She didn't go to school. She couldn't read or write. But when she turned 16 years old, she wanted to learn. She moved to Rio Branco. She learned the letters of the alphabet and went to school there. She studied history in college. However, she was more interested in protecting the environment. So, she became an environmentalist. Then she decided to be a politician to work for her country. As an active politician and environmentalist, she did some great things to save the Amazon forest and improve the lives of people in poor towns in the Amazon. She worked hard to make Brazil a better place for its people.

*environmentalist 환경운동가

**politician 정치가

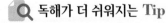

🔍 독해가 더 쉬워지는 **Tip** ••

be[get] interested in : ~에 관심이 있다, ~에 흥미를 가지다

He **was interested in** studying science when he was young.
(그는 어렸을 때 과학을 공부하는 것에 **관심이 있었다.**)

Many foreigners are **getting interested in** Korean culture.
(많은 외국인들이 한국 문화에 **관심을 갖고 있다.**)

1 이 글의 내용과 일치하도록 다음 각 빈칸에 알맞은 말을 고르세요.

(1) 마리나 시우바는 어렸을 때 _____을[를] 채취했다.
(2) 마리나 시우바는 리우브랑쿠(Rio Branco)에서 _____.
(3) 마리나 시우바는 전공과목보다 _____에 더 관심이 있었다.
(4) 마리나 시우바는 _____을 개선하기 위해 여러 훌륭한 일을 했다.
(5) 이 글의 제목은 _____이다.

(1) ① 아마존의 꽃　　　　② 나무　　　　③ 고무
(2) ① 학교를 다녔다　　　② 일을 계속 했다　　③ 학교를 다니지 않았다
(3) ① 역사 공부를 하는 것　② 부모님을 돕는 것　③ 환경을 보호하는 것
(4) ① 아마존의 어려운 사람들의 삶　　② 브라질에서 일하는 노동자들의 삶
(5) ① 마리나 시우바가 아마존을 떠난 이유
　　② 아마존을 위한 환경운동가인 마리나 시우바
　　③ 브라질 아마존의 위험성

2 다음 중 이 글의 내용과 일치하지 <u>않는</u> 것을 고르세요.

① 마리나 시우바는 어렸을 때 가족들과 일해야 했다.
② 마리나 시우바는 대학교에서 과학을 공부했다.
③ 마리나 시우바는 정치가가 되기로 결심했다.
④ 마리나는 브라질 사람들을 위해 열심히 일했다.

3 다음 영영 뜻풀이에 해당하는 단어를 이 글에서 찾아 쓰세요.

to make something better

_____

4 다음 문장을 우리말로 해석하세요.

I'm interested in improving my English writing.

_____.

letter 글자, 문자 / alphabet 알파벳 / however 그러나 / protect 보호하다, 지키다 / environment 환경 / then 그다음에, 그리고 나서 / as ~로서

교육부 지정 중학 필수 어휘

정답 및 해설 p.38

ability	명 1. 능력 2. (타고난) 재능, 재주
drink	동 1. (음료를) 마시다 2. 술을 마시다 명 음료, 마실 것
machine	명 기계
accept	동 (선물, 제안 등을) 받아들이다
fool	명 바보 동 속이다, 기만하다
information	명 정보

아래 해석을 참고하여 다음 각 빈칸에 적절한 단어를 위의 목록에서 골라 쓰세요. (동사의 시제와 명사의 수에 유의)

1 The wolf _____ the girl by copying her grandmother's voice.

2 The newspaper is full of _____. You can learn many things from it.

3 Most birds have the _____ to fly. But penguins can't.

4 Where is the fax _____? I need to send this right now.

5 Apple juice is my favorite _____. I always have a cup of apple juice every morning.

6 She _____ the suggestion with a smile. She looked really happy.

해석 1 그 늑대는 할머니의 목소리를 따라 해서 그 여자아이를 속였다. 2 신문은 정보로 가득하다. 너는 그것으로부터 많은 것들을 배울 수 있다. 3 대부분 새들은 날 수 있는 능력을 가지고 있다. 하지만 펭귄들은 날 수 없다. 4 팩스 기계는 어디에 있어? 나는 지금 당장 이것을 보내야 해. 5 사과 주스는 내가 가장 좋아하는 음료이다. 나는 항상 사과 주스 한 컵을 매일 아침 마신다. 6 그녀는 웃으면서 그 제안을 받아들였다. 그녀는 정말 행복해 보였다.

무더운 여름날 목이 마를 때도, 추운 겨울 따뜻한 음료로 몸을 녹이고 싶을 때도 누구나 저렴한 가격으로 쉽게 이용할 수 있는 것이 바로 음료 자판기(vending machine)죠. 어디서나 쉽게 찾을 수 있고, 낮이든 밤이든 언제나 이용할 수 있다는 것도 장점이고요. 그런데 우리가 흔히 이용하는 이 자판기가 특별한 **ability**를 갖추기 시작해서 화제가 되고 있다고 해요. 일본에서 만들어진 이 자판기는 마치 공상과학 영화에서나 봤음 직한 물건이랍니다. 대체 **왜 사람들은 이 기계를 특별하다고 할까요?**

SEE THE NEXT PAGE! »

1 밑줄 친 ability에 해당하는 우리말을 고르세요.

① 기계   ② 음료   ③ 정보   ④ 능력

2 굵게 표시한 부분과 일치하도록 아래 단어를 알맞게 배열하여 문장을 완성하세요.

Why do _____?
(this machine / call / people / special)

교과서 지식 Bank

중1 과학 - 과학이란

자연 현상의 이치와 규칙성을 발견하는 과정, 그리고 그 과정으로부터 체계적으로 형성된 지식을 과학이라고 해요. 사람들이 대수롭지 않게 여기는 현상도 날카로운 시선으로 탐구하는 과학자들 덕분에 우리 생활은 발전하고 있어요. 우리가 밤에도 활동할 수 있게 해주는 전구에서부터 컴퓨터나 텔레비전에 사용되는 반도체, 항생제나 백신과 같은 여러 의료 기술들까지 과학은 우리 생활이 편리해진 가장 큰 이유이지요.

There is a new type of vending machine in Japan. This vending machine has a special ability. It suggests a drink for you. Can you imagine? It might seem like magic, but it's not. The machine has special technology, and it knows about you.

5 When you stand in front of the machine, a special camera inside looks at your face. The camera then guesses your age and gender. Then with the data from your face, it suggests a drink only for you. If you are too young to drink and order a beer, the machine will not accept your order. You can try to fool this machine, but your face can't lie.

10 Also, it uses other information such as the weather to choose drinks. For example, if it is hot, it will show you a cold lemonade. On a cold winter morning, the machine will suggest a hot coffee.

🔍 **독해가 더 쉬워지는 Tip** ••

too + 형용사/부사 + to + 동사원형 : 너무 …해서 ~할 수 없는

He was **too nervous to call** her.
(그는 너무 긴장해서 그녀에게 전화할 수 없었다.)

She was **too scared to walk** alone.
(그녀는 너무 무서워서 혼자 걸어갈 수 없었다.)

I ate **too much to lie** down.
(나는 너무 많이 먹어서 누울 수가 없었다.)

1 이 글의 내용과 일치하도록 다음 각 빈칸에 알맞은 말을 고르세요.

> (1) 일본의 한 자판기는 _____을 가지고 있다.
>
> (2) 자판기 안에 있는 카메라는 당신의 _____을[를] 맞출 것이다.
>
> (3) 그 자판기는 얼굴에서 나온 자료로 _____을[를] 제안한다.
>
> (4) 이 글의 주제는 _____이다.

(1)　① 음료를 마시는 능력　② 음료를 만드는 능력　③ 음료를 제안하는 능력

(2)　① 이름과 나이　② 나이와 성별　③ 성별과 오늘의 날씨

(3)　① 인기 있는 음료　② 술　③ 당신만을 위한 음료

(4)　① 일본이 특별한 자판기를 개발한 이유

　　② 특별한 자판기를 속이는 방법

　　③ 특별한 능력을 가진 일본의 자판기

2 이 글의 내용과 일치하도록 아래 빈칸에 알맞은 말을 쓰세요.

> 일본의 한 자판기는 이용자의 얼굴에서 얻은 자료와 _____ 정보를 토대로 음료를 제안한다.

3 다음 중 이 글에서 일본의 새로운 자판기에 관해 언급된 것을 고르세요.

① 처음 등장한 시기

② 특별한 기능

③ 만든 사람의 이름

④ 판매하는 음료의 가격

4 다음 빈칸 (A)와 (B)에 공통으로 들어갈 단어를 본문에서 찾아 쓰세요.

> (1) He is such a ___(A)___ to trust the bad man.
>
> (2) We can't ___(B)___ her because she's too smart.

_____

type 유형, 종류 / vending machine 자동판매기, 자판기 / special 특별한 / suggest 제안하다 / imagine 상상하다 / technology (과학) 기술 / guess 알아맞히다 / gender 성, 성별 / data 자료, 정보 / beer 맥주 / lemonade 레모네이드 / coffee 커피

교육부 지정 중학 필수 어휘 🎧

정답 및 해설 p.40

medium	형 중간(정도)의, 보통의
slice	명 얇게 썬 조각, 한 조각 동 얇게 썰다
compare	동 (둘을) 비교하다, 견주다
similar	형 1. 비슷한, 유사한 2. 《수학》 (도형이) 닮은
figure	명 1. (크기나 양을 나타내는) 값 2. 인물, 모습, 몸매 3. 형태, 도형
angle	명 각도, 각

아래 해석을 참고하여 다음 각 빈칸에 적절한 단어를 위의 목록에서 골라 쓰세요. (동사의 시제와 명사의 수에 유의)

1 During yesterday's discussion, the scientists _____ the temperatures in 2000 and 2017.

2 This triangle has three _____ of 60°.

3 I had two _____ of bread with apple jam for breakfast.

4 The _____ size drink is smaller in the restaurant than in the cafe.

5 The teacher made us draw a _____ with five straight lines.

6 _____ objects have the same shape. But they are different sizes.

해석 **1** 어제 논의에서 과학자들은 2000년과 2017년도의 기온을 <u>비교했다</u>. **2** 이 삼각형은 60°인 세 개의 <u>각도</u>를 가지고 있다. **3** 나는 아침으로 사과잼을 바른 빵 두 <u>조각</u>을 먹었다. **4** 그 레스토랑의 <u>중간</u> 크기 음료는 카페에 있는 것보다 더 작다. **5** 선생님은 우리가 5개의 직선으로 <u>도형</u>을 그리게 하셨다. **6** <u>닮은</u> 물체들은 같은 모양이다. 하지만 그것들은 크기가 다르다.

길에서 아빠 혹은 엄마와 꼭 (A) **similar**한 아이를 가끔 마주칠 때가 있는데요, 그렇게 similar한 걸 보면 모르는 사람들인데도 정말 신기하게 느껴지곤 해요. 둘 이상의 대상 사이의 유사함을 나타낼 때 우리는 '닮았다'라고 표현을 해요. 그런데 사람뿐만 아니라 (B) **figure**들도 '닮을' 수 있다는 것을 알고 있나요? 한 figure를 일정한 비율로 확대하거나 축소했을 때 다른 figure와 똑같은 모양이 되었을 때 이 두 figure들을 서로 닮음 관계에 있다고 해요. 한 번에 이해하기 어려운가요? 그렇다면 우리가 종종 먹는 피자를 통해서 조금 더 자세히 알아봐요.

SEE THE NEXT PAGE! ≫

1   밑줄 친 (A) similar와 (B) figure에 해당하는 우리말을 고르세요.

    (A)   (B)
① 중간의, 보통의   –   형태, 도형
② 비슷한, 닮은   –   형태, 도형
③ 비슷한, 닮은   –   각도, 각

2   굵게 표시한 부분과 일치하도록 아래 단어를 알맞게 배열하여 문장을 완성하세요.

Did you know that figures _____, too?
(similar / can / be)

교과서 지식 Bank

중2 수학 - 평면도형에서 닮음의 성질
서로 닮은 두 평면도형에서 대응하는 변의 길이의 비는 일정하며, 대응하는 각의 크기는 각각 같답니다.

Cut a 10-inch small pizza and a 12-inch medium pizza into 8 slices. The sizes of the 8 slices from one pizza have to be the same. Now, compare a slice of the small pizza with a slice of the medium pizza. Which one is bigger? Of course, the slice from the medium pizza is larger. Their sizes are different, but they have something in common. They are the same shape.

When objects have the same shape, but different sizes, we call them similar. Similar figures have an unchanging ratio. For the two slices, the ratio is 5:6 because the radiuses of the pizzas are 5 inches and 6 inches. Therefore, the slices would give you the ratio of 5:6. Similar figures also have the same angles. Because you cut both pizzas into 8 slices, you get the central angle of 45°. Why 45°? Divide the angle of a circle by the number of slices.

*ratio 비율
**radius 반지름

🔍 독해가 더 쉬워지는 **Tip** ●●●

have A in common : 공통적으로 A를 가지다[지니다]

He and I **have nothing in common**.
(그와 나는 **공통적으로 가진 것이 아무 것도 없다**[공통점이 전혀 없다].)

Asian cultures such as Chinese and Korean **have a lot in common**.
(중국과 한국과 같은 아시아 문화는 **공통적으로 많은 것을 갖는다**[공통점이 많다].)

1 이 글의 내용과 일치하도록 다음 각 빈칸에 알맞은 말을 고르세요.

> (1) 여덟 조각으로 자른 10인치 피자와 12인치 피자 조각은 _____이[가] 같다.
>
> (2) 닮은 도형은 _____을[를] 가지고 있다.
>
> (3) 10인치 피자와 12인치 피자의 비율은 _____이다.
>
> (4) 이 글의 주제는 _____이다.

(1) ① 모양   ② 반지름   ③ 크기

(2) ① 다른 각도   ② 똑같은 비율   ③ 같은 길이의 변

(3) ① 2:3   ② 5:6   ③ 10:12

(4) ① 피자의 다양한 크기   ② 피자가 원형인 이유   ③ 닮은 도형의 조건

2 다음 중 이 글에 언급된 것을 고르세요.

① 10인치 피자의 무게

② 피자를 8조각으로 자르는 이유

③ 작은 피자와 중간 피자의 반지름

④ 원의 각도

3 다음 영영 뜻풀이에 해당하는 단어를 이 글에서 찾아 쓰세요.

> between small and large in size

_____

4 이 글에서 밑줄 친 **slices**와 쓰임이 같은 것을 고르세요.

(a) He cuts tomatoes into slices.

(b) He holds the knife and slices the cheese for a sandwich.

5 다음 문장을 우리말로 해석하세요.

> My friend and I have many things in common.

_____ .

---

cut A into B A를 B로 자르다 / **inch** 인치 《길이의 단위》 / **which** 어느 / **of course** 물론 / **have A in common** 공통적으로 A를 가지다[지니다] / **shape** 모양, 형태 / **object** 물건, 사물, 물체 / **unchanging** 변하지 않는, 항상 일정한 / **therefore** 그러므로 / **central** 중심의, 중앙의 / **divide A by B** A를 B로 나누다

교육부 지정 중학 필수 어휘

정답 및 해설 p.41

calm	형 차분한, 고요한 동 ~을 가라앉히다, ~을 달래다 ※ calm A down A를 진정시키다
train	명 기차, 열차 동 훈련하다, 교육하다
wild	형 1. (짐승 등이) 길들지 않은, 사나운 2. 야생의, 자연 그대로 자란
note	명 (기억을 돕기 위한) 메모 동 1. 알아차리다 2. 주의하다
own	형 자기 자신의, 자기 소유의 동 소유하다
shadow	명 1. 그림자 2. 그늘
honor	명 1. 명예, 영예 2. (지위 · 가치 · 미덕에 대한) 경의, 존경 ※ in one's honor ~에게 경의를 표하여

아래 해석을 참고하여 다음 각 빈칸에 적절한 단어를 위의 목록에서 골라 쓰세요. (동사의 시제와 명사의 수에 유의)

1 There are many _____ animals in the jungle. You need to be careful.

2 This hat is very special to me because I bought it with my _____ money.

3 The children were having fun, chasing each other's _____.

4 The police should _____ dogs to catch bad people.

5 I broke a glass and some dishes by mistake. Mom _____ some changes in the kitchen when she came home.

6 There was a dinner party in the writer's _____. Many people came and enjoyed it.

7 The girls were _____ before they met their favorite singer.

해석 1 정글에는 길들지 않은 동물들이 많다. 너는 조심해야 한다. 2 이 모자는 내가 가진 돈으로 샀기 때문에 나에게 매우 특별하다. 3 아이들은 서로의 그림자를 쫓으며 재미나게 놀고 있었다. 4 경찰은 나쁜 사람들을 잡기 위해 개들을 훈련시켜야 한다. 5 나는 실수로 유리컵 하나와 접시 몇 개를 깨뜨렸다. 엄마는 집에 오셨을 때 부엌에서 약간의 변화를 알아채셨다. 6 그 작가에게 경의를 표하는 디너파티가 있었다. 많은 사람들이 와서 즐겼다. 7 그 여자아이들은 그들이 가장 좋아하는 가수를 만나기 전까지는 차분했다.

알렉산더 대왕(Alexander the Great)은 기원전 4세기경 전쟁 사상 가장 뛰어난 군사적 천재라고 불린 인물이에요. 그는 한 번도 전쟁에서 져 본 적이 없는 고대 그리스의 왕인데요. 아버지로부터 강력한 군대를 유산으로 넘겨받은 후, 많은 나라를 다스리기 시작했고, 유럽, 아프리카, 아시아 대륙에 걸쳐 거대한 대제국을 건설하기도 했답니다. 그는 사람을 죽이는 것을 서슴지 않았고, 자신이 고대 그리스 영웅이었던 헤라클레스나 아킬레스의 피를 이어받았다고 믿었어요. 그런 그에게도 어린 시절은 있었는데요, 어릴 때는 <u>calm</u>했다고 해요. 알렉산더 대왕의 어린 시절에 있었던 일화 한 가지를 같이 읽어볼까요?

SEE THE NEXT PAGE! ≫

1 밑줄 친 calm에 해당하는 우리말을 고르세요.

① 적극적인   ② 쾌활한   ③ 차분한, 고요한

2 이 글의 내용과 일치하면 T, 그렇지 않으면 F를 쓰세요.

(1) 알렉산더 대왕은 한 번도 전쟁에서 져 본 적이 없다.   _____

(2) 아버지로부터 강력한 군대를 유산으로 넘겨받았다.   _____

(3) 고대 그리스 영웅이었던 헤라클레스와는 형제이다.   _____

교과서 지식 Bank

중학 역사1 - 알렉산드로스 제국

알렉산더 대왕은 동방 원정에 나서 페르시아 제국을 멸망시키고 인도의 인더스 강 유역까지 정복하여 유럽, 아시아, 아프리카에 걸친 대제국을 건설했답니다. 이 광대한 제국을 다스리기 위해 동방의 전제 군주제를 받아들였고, 정복한 지역에 자신의 이름을 붙인 알렉산드리아라는 도시를 건설했어요.

When Alexander was young, he was very calm and behaved like an adult. Since Philip II, Alexander's father, was a very active person, he couldn't understand his son, and thought he was weak. One day, when Alexander was about 9, Philip II brought a horse. His name was Bucephalus, and nobody

5 could train him because he was very wild. Alexander asked his father if he could train the horse, and Philip agreed. Alexander noted that the horse was scared by his own shadow, so he turned ⓐ him around to face the sun. By doing this, ⓑ he managed to calm him down and get on the horse. Philip realized that his son was intelligent, wise, and brave. After that, Bucephalus

10 became Alexander's war-horse and was always with Alexander until ⓒ he died in India. After ⓓ his death, Alexander gave the name "Bucephala" to a city in his honor.

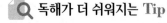

🔍 **독해가 더 쉬워지는 Tip** ●

if : ~인지(아닌지) (*if에는 '만약 ~하면'이라는 뜻 외에, '~인지'라는 뜻도 있어요.)

I don't know **if** I can win this game.
(내가 이번 경기에서 이길 수 있을**지** 모르겠다.)

Soon the doctor will come and check **if** your dog has a disease.
(곧 의사선생님이 오셔서 당신의 개에게 질병이 있**는지** 확인하실 거예요.)

1 이 글의 내용과 일치하도록 다음 각 빈칸에 알맞은 말을 고르세요.

> (1) 필립 2세는 알렉산더가 _____ 생각했다.
> (2) 알렉산더는 말이 _____ 때문에 겁을 먹는다는 것을 알아차렸다.
> (3) 그 말은 _____ 때까지 알렉산더와 함께했다.
> (4) 이 글의 제목은 _____이다.

(1) ① 약하다고 ② 활동적이라고 ③ 아이 같다고
(2) ① 알렉산더 ② 사람들 ③ 자신의 그림자
(3) ① 도망갈 ② 죽을 ③ 제국이 멸망할
(4) ① 필립 2세와 알렉산더의 갈등
　　 ② 알렉산더는 어떻게 대제국을 건설했나?
　　 ③ 알렉산더의 군마, 부세팔로스

2 글의 밑줄 친 ⓐ ~ ⓓ 중, 가리키는 대상이 나머지 셋과 <u>다른</u> 것을 고르세요.

① ⓐ　　　　② ⓑ　　　　③ ⓒ　　　　④ ⓓ

3 다음 중 이 글에서 언급되지 <u>않은</u> 것을 고르세요.

① 알렉산더의 성격
② 부세팔로스를 데려온 사람
③ 부세팔로스라고 이름을 지은 이유
④ 알렉산더가 부세팔로스를 진정시킨 방법

4 다음 영영 뜻풀이에 공통으로 해당하는 단어를 이 글에서 찾아 쓰세요.

> ⓐ a group of railroad cars
> ⓑ to teach someone to do a job or activity

_____

5 다음 중 밑줄 친 <u>if</u>의 의미가 나머지와 <u>다른</u> 하나를 고르세요.

① I don't remember <u>if</u> my sister came home early yesterday.
② My mom wants to know <u>if</u> you will come to my birthday party.
③ You can say good-bye to Steve <u>if</u> you go to the station right now.

---

behave 행동하다 / active 활동적인, 활발한 / weak 약한 / scared 무서워하는, 겁먹은 / face (사람·건물이) ~을 향하다[마주보다] / manage to ~을 용케 해내다 / get on ~에 타다 / realize 깨닫다, 알아차리다 / intelligent 총명한, 똑똑한 / wise 현명한 / war-horse 군마

MEMO

MEMO

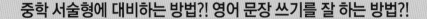

중학 서술형에 대비하는 방법?! 영어 문장 쓰기를 잘 하는 방법?!

쓰작으로 시작!

· 중학 교과서 대표 문장 및 서술형
  핵심 문법 포인트 제시

· 체계적인 3단계 쓰기 연습
  순서배열 ▶ 빈칸완성 ▶ 내신기출

· 중학 14종 내신 서술형 평가
  유형 완전 분석

· 기출 포인트와 감점 포인트로
  오답이나 감점 피하기

🔍 한 페이지로 끝내는 서술형 대비! 쓰작

체계적인 3단계 쓰기 훈련
· 순서 배열 - 빈칸 완성 - 내신 기출
  실제 내신 기출 유형을
  반영한 문장들로
  효과적인 서술형 대비 가능

**14종 교과서 문법 단원 연계 &
교과 핵심 문법 소개**
· 문법 개념과 원리를 짧고 쉽게 전달

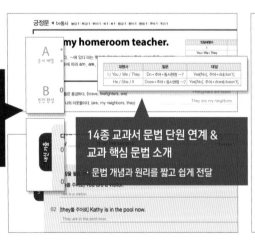

감점포인트 & 기출 포인트
· 틀리기 쉬운 표현과 시험에 자주
  나오는 문장 체크

쎄듀북닷컴(www.cedubook.com)에서 부가 자료를 무료로 다운로드할 수 있습니다.

교과서 지식으로 영문 독해를 자신 있게!

리딩 릴레이

READING RELAY

STARTER

②

정답 및 해설

CEDU
BOOK 쎄듀

교과서 지식으로 영문 독해를 자신 있게!

리딩 릴레이

READING RELAY

정답 및 해설

STARTER

Chapter **07**

01 | [사회 | 문화의 이해와 창조] 스파게티 나무   본문 p.12~15

교육부 지정 중학 필수 어휘
1 placed 2 harvest 3 tricks 4 details 5 actually

START READING!
1 ② 2 tricks and tell small lies

KEEP READING!
1 (1) ③ (2) ② (3) ① (4) ③ 2 ④ 3 Where do I get the trees?, How do I grow them? 4 place

---

KEEP READING! 해설

1 (4) 1957년 4월 1일인 만우절 날, 한 방송사에서 내보낸 영상으로 많은 사람들이 속았는데, 방송사의 답변으로 만우절 장난이라는 것을 뒤늦게 알았다는 내용이다. 따라서 정답은 ③이다.

2 스파게티 나무 방송 이후, BBC는 스파게티면 한 가닥을 토마토소스 캔 안에 넣어보라고 답변했으므로 정답은 ④이다.

3 스파게티 나무 영상을 본 후, 수백 명의 사람들이 나무를 어디서, 그리고 어떻게 기를 수 있는지 방송사에 전화로 물어봤다는 내용이므로 정답은 본문에 있는 Where do I get the trees?, How do I grow them? 이다.

4 (1) 이 (A) 장소는 매우 춥다. 여기 사람들은 항상 장갑을 낀다.
(2) 너는 선생님의 책상 위에 책을 (B) 두어야 한다.
첫 번째 문장의 (A)는 '장소'라는 말이 들어가고, 두 번째 문장의 (B)는 '놓다, 두다'라는 말이 들어가야 적절하므로 정답은 place(장소, 곳; 두다, 놓다)이다.

끊어서 읽기

1957년 4월 1일에 / BBC 뉴스 프로그램인 '파노라마'는 영상 한 편을 보여 주었다.
¹ On April 1, 1957, / the BBC news show "Panorama" showed a video.

그것은 3분짜리 영상이었다 / 스파게티 수확에 관한 / 스위스의.
² It was a three-minute video / about a spaghetti harvest / in

잠깐 / 당신은 몰랐는가? // 스파게티가 나무에서 자란다는 것을?
Switzerland. ³ Wait, / didn't you know // that spaghetti grows on
(~인 것을)

음, 영상에서는 / 한 스위스 가족이 / 스파게티를 스파게티 나무에서 따고 있었다
trees? ⁴ Well, in the video, / a Swiss family / was pulling spaghetti off

/ 그리고 그것을 바구니에 담고 있었다. 그리고 아나운서는 말했다
spaghetti trees / and putting it into baskets. ⁵ And the announcer talked

/ 스파게티 나무와 스파게티의 세부 사항에 대해서.
/ about the details of the spaghetti trees and the spaghetti. ⁶ How

정말 흥미롭구나! 스파게티가 실제로 나무에서 나온다니! 사람들은 그 나무들을 텔레비전에서 본 후,
interesting! ⁷ Spaghetti is actually from trees! ⁸ After people saw the

// 그들은 무척 궁금했다. 수백 명의 사람들이 BBC에 전화를 했다
trees on TV, // they were so curious. ⁹ Hundreds of people called the

어휘 확인하기

video 영상
spaghetti 스파게티
harvest (작물의) 수확; (작물을) 수확하다, 거둬들이다
Switzerland 스위스
Swiss 스위스의
pull A off B A를 B에서 따다 [떼어 내다]
announcer (라디오·텔레비전 프로그램) 아나운서
detail 세부, 세부 사항
actually 실제로
curious 궁금한
common 공통의
place 장소, 곳; 두다, 놓다
piece 한 개
sauce 소스
April Fools' Day 만우절

BBC / to ask about the trees. ¹⁰ Common questions were / "Where
(나무에 대해 묻기 위해서.) (공통의 질문은 ~였다)

do I get the trees?" / and "How do I grow them?" ¹¹ The answer
(to+동사원형 (~하기 위해)) ("어디서 그 나무를 구할 수 있나요?") (그리고 "어떻게 나무를 키우나요?") (BBC의 대답은 ~였다)

from the BBC was / "Place one piece of spaghetti / in a tomato sauce
("스파게티 한 가닥을 두세요) (토마토소스 캔 안에)

can, // and hope for the best." ¹² Is this true? ¹³ Of course not. ¹⁴ To
(그리고 행운을 빌어보세요.") (이것이 사실일까?) (물론 아니다.)

this day, / the Panorama video of spaghetti trees / is one of the
(오늘날 까지) (파노라마의 스파게티 나무 영상은) (지금껏.)

most famous April Fools' Day tricks / of all time.
(가장 유명한 만우절 장난 중의 하나이다) (지금껏.)

trick 속임수; (골탕을 먹이기 위한) 장난
of all time 지금껏, 역대

해석 한눈에 보기

¹ 1957년 4월 1일에 BBC 뉴스 프로그램인 '파노라마'는 한 편의 영상을 보여 주었다. ² 그것은 스위스의 스파게티 수확에 대한 3분짜리 영상이었다. ³ 잠깐, 스파게티가 나무에서 자란다는 것을 몰랐는가? ⁴ 음, 영상에서는 한 스위스 가족이 스파게티를 스파게티 나무에서 따서 그것을 바구니에 담고 있었다. ⁵ 그리고 아나운서는 그 스파게티 나무와 스파게티의 세부 사항에 대해 말했다. ⁶ 정말 흥미롭구나! ⁷ 스파게티가 실제로 나무에서 나온다니! ⁸ 사람들은 텔레비전에서 그 나무들을 본 후에, 무척 궁금했다. ⁹ 수백 명의 사람들이 그 나무에 대해 물어보기 위해 BBC로 전화했다. ¹⁰ 공통된 질문은 "어디서 그 나무를 구할 수 있나요?"와 "어떻게 나무를 키우나요?"였다. ¹¹ BBC의 대답은 "스파게티 한 가닥을 토마토소스 캔에 두고 행운을 빌어보세요."였다. ¹² 이것이 사실일까? ¹³ 물론 아니다. ¹⁴ 오늘날까지도 스파게티 나무에 대한 파노라마 영상은 지금껏 가장 유명한 만우절 장난 중 하나이다.

필수 구문 확인하기

⁶ **How interesting** (it is)!

▶ 「How+형용사[부사](+주어+동사)!」는 '정말 ~하구나!'의 의미인 감탄문이다. 「What+a(n)+형용사+명사(+주어+동사)!」의 구조도 가능하다.

¹⁴ To this day, the Panorama video of spaghetti trees is **one of the most famous April Fools' Day tricks of all time.**

▶ 「one of the+최상급+복수명사」는 '가장 ~한 것들 중 하나'의 의미이다.

---

02 [국어 | 화가 이중섭] 이중섭의 황소

본문 p.16~19

교육부 지정 중학 필수 어휘
1 thief 2 sadness 3 owner 4 pain 5 innocent

START READING!
1 주인, 소유자 2 (1) T (2) F (3) T

KEEP READING!
1 (1) ② (2) ② (3) ③ (4) ② 2 ④ 3 innocent 4 you listen to music too loud

KEEP READING! 해설

1 (4) 주로 소를 그렸던 화가 이중섭을 소개하는 내용으로, 그가 왜 소를 좋아했는지와 그의 작품들을 통해 무엇을 느낄 수 있는지에 대해 설명하고 있다. 정답은 ②이다.

2 그의 소 그림들에 나오는 선과 색상은 매우 선명하다(The lines ~ vivid.)고 했으므로 일치하지 않는 것은 ④이다.

3 ⓐ는 '범죄에 책임이 없는'이라는 뜻이고, ⓑ는 '나쁜 생각이 없는, 순수한'을 의미하므로 innocent(죄 없는, 결백한; 순수한, 순결한, 악의 없는)가 정답이다.

4 because 다음에는 「주어+동사+목적어」 구조가 와야 하므로 you listen to music too loud가 정답이다.
'나는 요즘 잘 자지 못한다. 이것은 네가 매일 밤 음악을 너무 시끄럽게 듣기 때문이다.'

끊어서 읽기

사람들이 화가 이중섭을 생각할 때 // 그들은 소를 떠올린다.
1 When people think of the painter Lee Jung Seop, // they think

이것은 ~이다 // 대부분의 그의 그림이 소에 대한 것이기 때문에.
of cows. **2** This is // because most of his paintings were about cows.

그가 어렸을 때 // 그는 그림 그리는 것을 매우 좋아했다.
3 When he was young, // he loved drawing very much. **4** He didn't
　　　　　　　　　　　　　　　　-ing ⟨~하는 것을⟩

그는 먹지도 않았다 // 그가 그림을 끝낼 때까지. 그는 또한 소를 지켜보는 것을 좋아했다
even eat // until he finished his drawings. **5** He also liked to watch
　　　　　　　　　　　　　　　　　　　　　　　　　　to+동사원형 ⟨~하는 것을⟩

/ 오랜 시간 동안 / 그가 그것을 그리기 전에. 어느 날
cows / for a long time / before he drew them. **6** One day, / a

어린 이중섭이 소 한 마리를 지켜보고 있었다 / 매우 오랜 시간 동안.
young Lee Jung Seop was watching one cow / for a very long time.

소의 주인은 생각했다 // 그는 도둑이라고. 그래서
7 The owner of the cow thought // he was a thief. **8** So, the owner
　　　　　　　　　　　　　　　　　　　　　^
　　　　　　　　　　　　　　　　　　　　that

주인은 경찰을 불렀다.
called the police.

이중섭은 행복함을 느꼈다 // 그가 소의 눈을 들여다 볼 때.
9 Lee Jung Seop felt happy // when he looked into a cow's eyes.

그는 생각했다 // 그 눈은 매우 순수하고 정직하다고 /
10 He thought // that those eyes were very innocent and honest, /
　　　　　　　　⟨~인 것을⟩

그러나 또한 지혜롭다고. 그의 소 그림의 선과 색은 /
but also wise. **11** The lines and colors in his paintings of cows /

매우 강렬하다. 그의 그림을 통해 / 이중섭은 보여 주었다 /
are very vivid. **12** Through his paintings, / Lee Jung Seop showed /

그의 고통과 슬픔을 / 일제강점기와 한국 전쟁에 대한.
his pain and sadness / about the Japanese colonial period and the

Korean War.

어휘 확인하기

even 심지어, ~조차도
until ~까지
owner 주인, 소유자
thief 도둑, 절도범
innocent 죄 없는, 결백한; 순수한, 순결한, 악의 없는
honest 정직한
wise 지혜로운, 현명한
vivid (색·빛 등이) 선명한, 강렬한
through ~통해서
pain 아픔, 고통
sadness 슬픔, 비애
the Korean War 한국 전쟁

[선택지 어휘]
responsibility 책임
thought 생각

해석 한눈에 보기

1 사람들이 화가 이중섭을 생각할 때, 그들은 소를 떠올린다. **2** 이것은 대부분의 그의 그림들이 소에 대한 것이기 때문이다. **3** 그가 어렸을 때, 그는 그림 그리는 것을 무척 좋아했다. **4** 그는 그림을 끝내고 나서야 비로소 밥을 먹었다. **5** 그는 또한 그것을 그리기 전에 오랫동안 소를 지켜보는 것을 좋아했다. **6** 어느 날, 어린 이중섭이 매우 오랜 시간 동안 소 한 마리를 보고 있었다. **7** 소의 주인은 그가 도둑이라고 생각했다. **8** 그래서 주인은 경찰을 불렀다. **9** 이중섭은 소의 눈을 들여다보고 있을 때 행복함을 느꼈다. **10** 그는 그 눈이 매우 순수하고 정직하나 또한 지혜롭다고 생각했다. **11** 그의 소 그림의 선과 색은 매우 강렬하다. **12** 그의 그림을 통해 이중섭은 일제강점기와 한국 전쟁에 대한 자신의 고통과 슬픔을 보여 주었다.

필수 구문 확인하기

4 He **didn't** even eat **until** he finished his drawings.

▶ 「not A until B」는 'B해서야 비로소 (A하다)'란 뜻이다.

교육부 지정 중학 필수 어휘
1 issue　2 wrapped　3 matter　4 key　5 inspired　6 Though

> **START READING!**
1 ②　2 (1) T　(2) T　(3) F

> **KEEP READING!**
1 (1) ③　(2) ③　(3) ①　(4) ③　2 ②　3 matter　4 an idea came to him

KEEP READING! 해설

1 (4) 물이 부족한 사우디아라비아의 모하메드 왕자가 실행하려 했던 빙산 프로젝트에 관한 글이다. 그는 빙하를 활용하여 사람들에게 물을 줄 수 있다는 생각을 해낸 뒤, 이를 실행하기 위해 여러 가지를 계획했다는 내용이므로 정답은 ③이다.

2 모하메드 왕자의 재산은 언급되지 않았으며, 그가 사우디아라비아로 옮기려고 했던 빙하의 크기에 대한 내용도 없다. 모하메드 왕자가 계획을 세웠지만 실패했다고 했으므로 계획이 성공한 이유에 대해서는 설명되지 않고 있다. 그는 남극에서 사우디아라비아로 빙하를 가져오기 위해 거대한 배를 만드는 것을 계획했었다고 했으므로 정답은 ②이다.

3 (1) 우리 할아버지는 정말 컴퓨터 게임을 좋아하신다. 나이는 (A) 중요하지 않다.
(2) 나는 너와 얘기해야 해. 이것은 매우 중요한 (B) 일이야.
첫 번째 문장의 (A)는 '중요하다'라는 말이 들어가며, 두 번째 문장의 (B)는 '일'이라는 말이 들어가야 적절하므로 정답은 matter(일, 문제; 중요하다)이다.

4 빈칸 앞부분에서 모하메드 왕자는 자신의 국민들에게 물을 주고 싶어 했다는 내용이고, 빈칸 다음 문장에는 빙하를 마시는 것을 생각해 냈다는 내용이다. 따라서 빈칸에는 어떤 생각이 그에게 떠올랐다는 내용이 들어가는 것이 적절하다. '한 가지 생각이 떠올랐다'란 뜻의 an idea came to him이 정답이다.

끊어서 읽기

결코 충분한 물이 없다 / 사우디아라비아에는. 이것은 중요한 문제이다
¹ There is never enough water / in Saudi Arabia. ² This is an important

/ 많은 사람들에게. 모하메드 알 페이잘 왕자는 슬펐다 /
matter / for many people. ³ Prince Mohamed Al Faisal felt sad /

이것에 대해. 그는 물을 주기를 원했다 / 자신의 국민들에게. 어느 날 /
about this. ⁴ He wanted to give water / to his people. ⁵ One day, /
　　　　　to+동사원형 (~하는 것을)

한 가지 생각이 떠올랐다. "빙하를 마시면 어떨까?"
an idea came to him. ⁶ "What about drinking an iceberg?" ⁷ He

그는 생각했다 // 이것은 매우 좋은 생각이라고. "빙하는 해답이 될 것이다 /
thought // this was a great idea. ⁸ "Icebergs will be the key / to the
　　　　　　　that

물 문제에 / 사우디아라비아의! 그것은 충분한 마실 물을 줄 거야 /
water issues / in Saudi Arabia! ⁹ They will give enough drinking water /

모든 사람들에게. 그리고 그들은 물을 사용할 수 있어 / 그들의 농장에도!"
to everyone. ¹⁰ And they can use the water / on their farms, too!"

그래서 그는 방법에 대해 생각했다 / 빙하를 남극으로부터 사우디아라비아로 옮기는
¹¹ So, he thought about ways / to move an iceberg from Antarctica
　　　　　　　　　　　　　　　to+동사원형 (~하는)

그는 거대한 배를 만들기로 계획했다 /
to Saudi Arabia. ¹² He planned on making a huge ship / to carry
　　　　　　　　　　　-ing (~하는 것)　　　　to+동사원형 (~하기 위해)

어휘 확인하기

enough 충분한

matter 일, 문제; 중요하다

key 열쇠; (문제·사건 등을 푸는) 실마리, 해답

issue 논(쟁)점, 문제(점); 발행(물)

drinking water 마실 물, 식수

plan on ~할 예정이다, 계획이다

huge 거대한

safely 안전하게

wrap 감싸다, 포장하다

cloth 천, 옷감

plastic 플라스틱

though ~이지만, ~에도 불구하고

inspire 격려하다, ~할 마음이 생기게 하다

빙하를 안전하게 나르기 위해.　　　　　　그리고 나서 그는 빙하를 감싸는 것에 대해 생각했다　　　/

the iceberg safely. ¹³ Then he thought about wrapping an iceberg /

천이나 플라스틱으로.　　　그러나 결국　　　/　　그는 실패했고 포기했다.

in cloth or plastic. ¹⁴ But in the end, / he failed and gave up.

그의 계획은 잘 되지 않았지만,　　　//　그의 생각은 다른 과학자들이 ~할 마음을 생기게 했다

¹⁵ Though his plan didn't go well, // his idea inspired other scientists

/　　　　　　빙하를 식수로 이용하는 것에 대해 생각하도록.

/ to think about using icebergs for drinking water.

해석 한눈에 보기

¹ 사우디아라비아에는 결코 충분한 물이 없다. ² 이것은 많은 사람들에게 중요한 일이다. ³ 모하메드 알 페이잘 왕자는 이것이 슬펐다. ⁴ 그는 자신의 국민들에게 물을 주기를 원했다. ⁵ 어느 날 한 가지 생각이 떠올랐다. ⁶ "빙하를 마시면 어떨까?" ⁷ 그는 이것이 좋은 생각이라고 생각했다. ⁸ "빙하는 사우디아라비아의 물 문제에 해답이 될 거야! ⁹ 그것은 모든 사람들에게 마실 물을 충분히 줄 거야. ¹⁰ 그리고 그들은 물을 농장에도 이용할 수 있어!" ¹¹ 그래서 그는 빙하를 남극에서 사우디아라비아로 옮기는 방법에 대해 생각했다. ¹² 그는 빙하를 안전하게 나르기 위해 거대한 배를 만드는 것을 계획했다. ¹³ 그리고 나서 그는 빙하를 천이나 플라스틱으로 싸는 것에 대해 생각했다. ¹⁴ 그러나 결국 그는 실패했고 포기했다. ¹⁵ 그의 계획은 잘 되지 않았지만, 그의 생각은 다른 과학자들이 빙하를 식수로 이용하는 것에 대해 생각할 마음이 생기게 했다.

필수 구문 확인하기

¹⁵ Though his plan didn't go well, his idea **inspired other scientists to think** about using icebergs for drinking water.

▶ 「inspire A to+동사원형」은 'A가 ~하는 것을 격려하다[~할 마음이 생기게 하다]'라는 뜻이다.

---

04 [역사 | 중국의 근대적 국가 체제 수립 운동] 신데렐라가 중국에서 왔다고? 본문 p.24~27

교육부 지정 중학 필수 어휘
1 suffering 2 tradition 3 leaves 4 bind 5 original 6 Then

START READING!
1 ④ 2 some people wore dangerous underwear

KEEP READING!
1 (1) ① (2) ② (3) ① (4) ③　2 ③　3 binding feet was very dangerous for women　4 ②

KEEP READING! 해설

1 (4) 「신데렐라」이야기의 기원인 전족 풍습에 대한 내용이다. 당시 중국의 아름다움의 기준은 발이 작은 것이었으며, 여자가 어렸을 때부터 발을 묶거나 둘러 감싸서 작게 만들었던 전통을 소개하고 있으므로 정답은 ③이다.

2 신데렐라가 도망친 진짜 이유는 언급되지 않았으며, 「신데렐라」이야기가 중국으로 전해졌다는 내용도 없다. 중국인들은 작은 발을 보고 '연꽃 발'이라고 부른다고 언급되었지만, 그 이유에 대해서는 언급되지 않았다. 당시 10cm 정도의 작은 발을 가장 아름답다고 했으며 그것을 '연꽃 발'이라 부른다고 했으므로 정답은 ③이다.

3 빈칸 앞부분에서 남자들은 오직 작은 발을 가진 여자들과 결혼하고 싶었다는 내용이고, 빈칸 다음 문장에는 대부분 여자들이 잘 걸을 수 없었고 어떤 사람들은 심지어 서 있을 수도 없다고 말하고 있다. 따라서 빈칸에는 발을 작게 만드는 것은 매우 위험하다는 내용이 들어가는 것이 적절하다. '발을 감는 것은 여자들에게 매우 위험했다'란 뜻의 binding feet was very dangerous for women이 정답이다.

4 첫 번째 문장은 상자들이 무거워 보인다는 내용이고, ①을 포함한 문장은 '내가 도와줄까?'라는 의미이다. ②를 포함한 문장은 하늘이 아름답다는 내용이다. 앞에 상자가 무거워 보여 도움을 먼저 제안하지만, 뒤에는 상자와 관련 없는 내용이 이어진다. by the way(그런데)

는 대화에서 화제를 바꿀 때 사용되는 표현이므로 적절한 곳은 ②이다.

끊어서 읽기

신데렐라의 이야기에서 / 왕자와 신데렐라는 함께 춤을 췄다.
¹ In the story of Cinderella, / the prince and Cinderella danced

그러나 그녀가 왕자를 떠났을 때 / 자정 전에 // 그녀는
together. ² But when she left the prince / before midnight, // she

그녀는 그녀의 유리 구두를 잃어버렸다. 왕자는 그 다음에 그의 사람들에게 명령했다 /
lost her glass shoe. ³ The prince then ordered his people /

주인을 찾을 것을. 결국 / 왕자와 신데렐라는 다시 만나 결혼했다.
to find the owner. ⁴ In the end, / the prince and Cinderella met

그런데 / 당신은 알았는가 // 이 이야기가 중국에서
again and married. ⁵ By the way, / did you know // this story came
　　　　　　　　　　　　　　　　　　　　　that

왔다는 것을? 중국의 원래의 이야기는 / 한 소녀에 대한 것이다 /
from China? ⁶ The original story in China / is about a girl /

매우 작은 발을 가진.
with very small feet.

오래된 중국의 전통 중 하나는 / 여성의 발을 작게 만드는 것이었다.
⁷ One of the old Chinese traditions / was to make women's feet
　　　　　　　　　　　　　　　　　　to+동사원형 〈~하는 것〉

그들은 발을 둘러 감곤 했다 // 여자아이들이 어릴 때.
small. ⁸ They used to bind feet // when girls were young. ⁹ They

그들은 생각했다 // 대략 10센티미터 크기의 발이 / 가장 아름답다고.
thought // that feet about 10cm in size / were the most beautiful.
　　　　　(~인 것을)

사람들은 불렀다 / 그런 발을 '연꽃 발'이라고. 남자들은 오직 결혼하길 원했다
¹⁰ People called / those small feet "lotus feet." ¹¹ Men only wanted to

/ 작은 발을 가진 여성들하고. 그러나 / 발을 둘러 감는 것은 매우 위험했다
marry / women with small feet. ¹² However, / binding feet was
to+동사원형 〈~하는 것〉

/ 여성들에게. 대부분 여자들은 잘 걸을 수 없었다 //
very dangerous / for women. ¹³ Most women couldn't walk well, //

그리고 어떤 사람들은 심지어 똑바로 설 수도 없었다. 다행히도, 오늘날 여자들은
and some couldn't even stand straight. ¹⁴ Luckily, women today

고통 받지 않아도 된다. 이 전통은 끝났다 // 그러나 아름답게 되는 것은
don't have to suffer. ¹⁵ This tradition ended, // but being beautiful

많은 고통을 초래했다 / 과거에.
caused a lot of pain / in the past.

어휘 확인하기

leave (사람·장소에서) 떠나다, 출발하다; (어떤 결과를) 남기다
midnight 한밤중, 자정
then 그때, 그때는; 그다음에, 그리고 나서
owner 주인, 소유자
in the end 결국
by the way 그런데
original 최초의, 원래의; 원형, 원본
tradition 전통, 관례
bind 묶다; ~을 싸다, 둘러 감다
however 그러나
even 심지어, ~조차도
straight 똑바로
luckily 다행히도, 운 좋게
suffer 고통 받다, 괴로워하다; (고통·상해·슬픔 등을) 경험하다, 겪다
cause ~을 초래하다
pain 고통, 아픔

해석 한눈에 보기

¹ 신데렐라 이야기에서 왕자와 신데렐라는 함께 춤을 췄다. ² 그러나 그녀가 자정이 되기 전에 왕자를 떠났을 때, 그녀는 유리 구두를 잃어버렸다. ³ 왕자는 그 다음에 자신의 사람들에게 주인을 찾으라고 명령했다. ⁴ 결국 왕자와 신데렐라는 다시 만나 결혼했다. ⁵ 그런데 당신은 이 이야기가 중국에서 왔다는 것을 알았는가? ⁶ 중국의 원래의 이야기는 매우 작은 발을 가진 한 소녀에 대한 것이다.
⁷ 오래된 중국의 전통 중 하나는 여성의 발을 작게 만드는 것이었다. ⁸ 그들은 여자아이들이 어릴 때 발을 둘러 감곤 했다. ⁹ 그들은 약 10센티미터 크기의 작은 발이 가장 아름답다고 생각했다. ¹⁰ 사람들은 그런 작은 발을 '연꽃 발'이라고 불렀다. ¹¹ 남자들은 오직 작은 발을 가진 여자와 결혼하길 원했다. ¹² 그러나 발을 둘러 감는 것은 여자들에게 매우 위험했다. ¹³ 대부분의 여자들은 걸을 수 없었고 어떤 사람들은 심지어 똑바로 설 수도 없었다. ¹⁴ 다행히도 오늘날 여자들은 고통 받지 않아도 된다. ¹⁵ 이 전통은 끝났지만, 아름다워지는 것은 과거에 많은 고통을 초래했다.

7 One of the old Chinese traditions was **to make women's feet small**.

                             S   V   C

    ▶ to make women's feet small은 보어로 쓰인 to부정사구이다.

8 They **used to bind** feet when girls were young.

    ▶ 「used to+동사원형」은 '(과거에) ~하곤 했다'의 의미로 과거의 습관이나 상태를 나타낸다.

Chapter 08

본문 p.30~33

01 [역사 | 전통 사회의 발전과 변모] 카라반세라이

교육부 지정 중학 필수 어휘
1 past **2** rest **3** share **4** means **5** shower **6** protect

START READING!
1 ① **2** (1) T (2) T (3) F

KEEP READING!
1 (1) ② (2) ③ (3) ① (4) ② (5) ③ **2** ③ **3** showers, televisions, restaurants

---

KEEP READING! 해설

1 (5) 여행객들과 상인들이 휴식을 취할 수 있었던 장소 '카라반세라이'를 소개하는 내용이다. 그곳의 큰 벽이 머물던 방문객들을 안전하게 지켜주었으며, 상인들은 다른 상인들과 시장이나 길에 대한 소식을 공유했으며, 가끔 같이 여행할 친구도 만날 수 있었다고 설명하므로 정답은 ③이다.

2 대부분의 카라반세라이는 작은 방들이었지만 큰 도시에서는 좀 더 큰 방과 욕조가 있다고 했다. 그러나 정확한 방 개수에 대한 언급은 없었으므로 정답은 ③이다.

3 오늘날의 카라반세라이는 과거의 모습과 매우 다르며 대부분 관광객들을 위한 샤워실, 텔레비전, 그리고 식당을 가지고 있는 호텔로 변했다고 설명하고 있다. 정답은 showers, televisions, restaurants이다.

끊어서 읽기

실크로드의 여행객들과 상인들은 / 쉴 장소가 필요했다.
¹ Travelers and merchants on the Silk Road / needed a place to rest.
　　　　　　　　　　　　　　　　　　　　　　to+동사원형 (~할)

긴 하루 후에 / 그들은 한 특별한 장소에서 머물렀다 / '카라반세라이'라는.
² After a long day, / they stayed at a special place, / a "caravanserai."

페르시아어로 / '카라반'이라는 단어는 '한 무리의 상인들'을 의미한다
³ In Persian, / the word "caravan" means "merchants

/ 그리고 '세라이'는 '여관'을 의미한다. 거기에서 방문객들은 약간의
in a large group," / and "serai" means "inn." ⁴ There visitors could

음식을 찾을 수 있었다 / 그리고 약간의 휴식을 취할 수 (있었다). 방문객들은 또한 안전했다 /
find some food / and get some rest. ⁵ Visitors were also safe /

카라반세라이의 큰 벽 안에서. 그 벽들은 그들을 위험으로부터 보호했다
within the big walls of the caravanserai. ⁶ Those walls protected

/ 밤에 도둑과 같은. 상인들은 또한
them from dangers / such as thieves at night. ⁷ The merchants

소식을 공유할 수 있었다 / 그 지역의 시장과 길에 대한.
could also share news / about markets and roads in the area. ⁸ They

그들은 종종 새로운 친구를 찾았다 / 함께 여행할.
often found a new friend / to travel with.
　　　　　　　　　　　　to+동사원형 (~할)

카라반세라이는 매우 달랐다 / 크기에서. 그것들 대부분은 단지 작은 방이었다.
⁹ Caravanserais were very different / in size. ¹⁰ Most of them were

어휘 확인하기

traveler 여행자

merchant 상인

rest (어떤 것의) 나머지; 휴식, 수면; 쉬다, 휴식을 취하다

special 특별한

Persian 페르시아어

mean 의미하다; 심술궂은, 성질이 나쁜

within ~ 안에

protect 보호하다, 지키다

such as ~와 같은

thief 도둑

share 함께 나누다, 공유하다

market 시장

past 과거의, 지나간; 과거

turn into ~이 되다, ~으로 변하다

shower 샤워기, 샤워실; 샤워(하기); 소나기

tourist 관광객

just small rooms. **11** But in bigger towns or cities, / travelers often

그러나 더 큰 마을이나 도시에서는 / 여행객들은 종종

found larger places to rest / with a bed and a bath. **12** People can

더 큰 쉴 장소를 발견했다 / 침대와 욕조가 있는.

to+동사원형 (~할)

still stay in a caravanserai today. **13** But these places are now very

사람들은 오늘날 카라반세라이에 여전히 머물 수 있다. / 그러나 이 장소들은 이제 매우 다르다

different / from the past. **14** Most of them turned into hotels / with

/ 과거와. / 그것들 대부분은 호텔로 변했다 /

showers, televisions, and restaurants for tourists.

샤워실, 텔레비전, 그리고 관광객들을 위한 식당이 있는.

해석 한눈에 보기

1 실크 로드의 여행객들과 상인들은 쉴 장소가 필요했다. **2** 긴 하루 후에 그들은 '카라반세라이'라는 한 특별한 장소에서 머물렀다. **3** 페르시아어로 '카라반'이라는 단어는 '한 무리의 상인들'을 의미하고 '세라이'는 '여관'을 의미한다. **4** 거기에서 방문객들은 약간의 음식을 찾고 휴식을 좀 취할 수 있었다. **5** 방문객들은 또한 카라반세라이의 큰 벽 안에서 안전했다. **6** 그 벽들은 밤에 도둑과 같은 위험으로부터 그들을 보호했다. **7** 상인들은 또한 그 지역의 시장과 길에 대한 소식을 공유할 수 있었다. **8** 그들은 종종 함께 여행할 새로운 친구를 발견했다.
9 카라반세라이는 크기가 매우 달랐다. **10** 그것들 대부분은 단지 작은 방이었다. **11** 그러나 더 큰 마을이나 도시에서는 여행객들은 종종 침대와 욕조가 있는 더 큰 쉴 장소를 발견했다. **12** 사람들은 오늘날 여전히 카라반세라이에서 머물 수 있다. **13** 그러나 이 장소들은 과거와 매우 다르다. **14** 그것들 대부분은 샤워실, 텔레비전, 관광객을 위한 식당이 있는 호텔로 변했다.

필수 구문 확인하기

1 Travelers and merchants on the Silk Road needed *a place* [**to rest**].

▶ to rest는 '휴식을 취할'이라는 의미로 앞에 있는 a place를 수식하는 형용사적 용법의 to부정사이다.

4 There visitors **could find** some food **and** (could) **get** some rest.

▶ 두 개의 동사(find ~, get ~)가 and로 대등하게 연결되어 있고, get 앞에 could가 생략되었다.

02 [수학 | 함수] 오일러

본문 p.34~37

교육부 지정 중학 필수 어휘
1 completed 2 university 3 talent 4 blind 5 checked

START READING!
1 (타고난) 재능, 소질 2 he wanted to become

KEEP READING!
1 (1) ② (2) ① (3) ③ (4) ① 2 ③ 3 check 4 blind

KEEP READING! 해설

1 (4) 어릴 때 수학에 대한 재능을 보이면서 목사 대신에 수학자가 된 오일러에 대한 내용이다. 열병을 앓은 후 시력이 나빠졌음에도 공부와 연구를 멈추지 않았다는 내용이므로 정답은 ①이다.

2 오일러는 수학을 공부하기 위해 러시아와 독일에 갔다(Later, ~ study math.)고 했으며 스위스에 대한 언급은 없으므로 정답은 ③이다.

3 (1) 나는 오늘 아침에 날씨를 (A) 살피지 않았어. 나는 우산이 없어.
　　(2) 이것은 300달러이며 현금이나 (B) 수표로 지불하실 수 있습니다.

첫 번째 문장의 (A)는 '살피다'라는 말이 들어가고, 두 번째 문장의 (B)는 '수표'라는 말이 들어가야 적절하므로, 정답은 check((확인하기 위해) 살피다, 점검하다; 수표)이다.

4 '볼 수 없는'을 의미하는 blind(눈이 먼, 앞을 못 보는, 장님인)가 정답이다.

끊어서 읽기

¹ 레온하르트 오일러는 겨우 열세 살이었을 때 // 대학에 갔다
When Leonhard Euler was only 13 years old, // he went to a

/ 목사가 되기 위해. 동시에 / 그는 토요일 수업을 받았다
university / to become a pastor. ² At the same time, / he received
(to+동사원형 〈~하기 위해〉)

수학자인 요한 베르누이로부터. 곧
Saturday lessons / from a mathematician, Johann Bernoulli. ³ Soon,

베르누이는 발견했다 // 오일러가 수학에 재능이 있다는 것을 /
Bernoulli discovered // that Euler had a talent for mathematics /
(~인 것을)

그리고 오일러의 아버지에게 말했다 // 오일러가 훌륭한 수학자가 될 것이라고.
and told Euler's father // that Euler would become a great mathematician.
(~인 것을)

후에 그는 러시아와 독일로 갔다 / 수학을 공부하기 위해.
⁴ Later, he went to Russia and Germany / to study math. ⁵ When he
(to+동사원형 〈~하기 위해〉)

그가 20대였을 때 // 그는 열병으로 아팠다. 머지않아, 그는 눈이 멀게 되었다
was in his 20s, // he became ill with a fever. ⁶ Soon, he became

/ 오른쪽 눈의. 그러나 그것은 그를 멈추지 못했다.
blind / in his right eye. ⁷ But it didn't stop him. ⁸ He continued his

그는 공부와 연구를 계속했다. 그러나 / 그의 왼쪽 시력 역시 더 나빠졌다.
study and research. ⁹ However, / his left eyesight got worse, too.

그는 잘 볼 수 없었다 / 60대에 // 그러나 그는 계속 일했다.
¹⁰ He couldn't see well / in his 60s, // but he kept on working.
-ing 〈~하는 것을〉

그는 그의 아들과 조수들이 (~하도록) 만들었다 / 그의 연구를 그를 위해 기록하도록.
¹¹ He made his son and helpers / record his research for him.

오일러가 무언가를 그려야 했을 때 // 그는 분필로 칠판에 그렸다.
¹² When Euler needed to draw something, // he drew on the board
to+동사원형 〈~하는 것을〉

그다음에 그의 조수들이 그림을 주의 깊게 살피곤 했다 /
with chalk. ¹³ His helpers would then check the drawings carefully /

그리고 복사본을 만들곤 했다. 그가 눈이 먼 이후에도 // 그는 더 많은 일을 끝마쳤다
and make copies. ¹⁴ Even after he was blind, // he completed more

/ 다른 어떤 수학자보다 / 역사상.
work / than any other mathematician / in history.

어휘 확인하기

university 대학, 대학교
receive 받다, 받아들이다
mathematician 수학자
soon 곧, 머지않아
discover 발견하다
talent (타고난) 재능, 소질
mathematics (= **math**) 수학
ill 아픈, 병 든
blind 눈이 먼, 앞을 못 보는, 장님인
continue 계속하다, 지속하다
research 연구
however 그러나
eyesight 시력
keep on 계속하다
helper 조수
record 기록하다
check (확인하기 위해) 살피다, 점검하다; 확인, 점검; 수표
even 심지어, ~조차도
complete 끝마치다, 완성하다; 완전한, 전부 갖추어져 있는

해석 한눈에 보기

¹ 레온하르트 오일러는 겨우 열세 살이었을 때 목사가 되기 위해 대학에 갔다. ² 동시에 그는 수학자인 요한 베르누이로부터 토요일 수업을 받았다. ³ 곧 베르누이는 오일러가 수학에 재능이 있다는 것을 발견했고, 오일러의 아버지에게 오일러는 훌륭한 수학자가 될 것이라고 말했다.
⁴ 나중에 그는 러시아와 독일로 수학을 공부하기 위해 갔다. ⁵ 그가 20대였을 때, 그는 열병으로 아팠다. ⁶ 머지않아 그는 오른쪽 눈이 멀게 됐다. ⁷ 그러나 그것은 그를 멈추지 못했다. ⁸ 그는 자신의 공부와 연구를 계속했다. ⁹ 그러나 왼쪽 시력 역시 더 나빠졌다. ¹⁰ 그는 60대에는 잘 볼 수 없었지만, 계속 연구했다. ¹¹ 그는 아들과 조수들이 자신을 위해 자신의 연구를 기록하게 했다. ¹² 오일러가 무언가를 그려야 했을 때, 그는 분필로 칠판에 그렸다. ¹³ 그다음에 그의 조수들이 그림을 주의 깊게 살피고 복사본을 만들곤 했다. ¹⁴ 눈이 먼 후에도, 그는 역사상 어떤 다른 수학자보다 더 많은 일을 끝마쳤다.

3 Soon, Bernoulli discovered **that** Euler had a talent for mathematics and told Euler's father
   V₁ — — O₁ — — V₂ — IO₂

that Euler would become a great mathematician.
   DO₂

▸ 두 개의 that은 명사절을 이끄는 접속사로, 첫 번째 that ~ mathematics는 discovered의 목적어이며 두 번째 that ~ mathematician은 told의 목적어이다.

11 He **made** his son and helpers **record** his research for him.
   V — O — C

▸ 「make+목적어+동사원형」은 '~가 …하게 하다'의 의미이다.

13 His helpers **would** then **check** the drawings carefully **and** (would) **make** copies.

▸ 여기서 would는 과거의 습관을 나타내는 '~하곤 했다'라는 의미이다. 두 개의 동사(check ~, make ~)가 and로 대등하게 연결되어 있고, make 앞에 would가 생략되었다.

14 Even after he was blind, he completed **more** work **than any other mathematician** in history.

▸ 「비교급+than any other+단수명사」는 '어떤 ~보다 더 …한'의 의미로 최상급을 나타낸다.

---

03 [사회 | 문화의 이해와 창조] 갠지스 강
본문 p.38~41

교육부 지정 중학 필수 어휘
1 maybe 2 miracle 3 truly 4 holy 5 yet

START READING!
1 신성한, 성스러운 2 wash in and even drink the water

KEEP READING!
1 (1) ① (2) ③ (3) ① (4) ② (5) ③ 2 ③ 3 ④ 4 yet

KEEP READING! 해설

1 (5) 힌두교도들에게 갠지스 강은 신성한 곳이며, 오늘날에는 인간에게 위험할 수 있지만 갠지스 강을 방문하는 것을 멈추려 하지 않는다는 내용이다. 갠지스 강 관련 힌두교도들의 믿음을 설명하므로 정답은 ③이다.

2 많은 과학자들이 갠지스 강이 사람에게 위험할 수 있다고 말했지만, 힌두교도들은 그곳을 방문하는 것을 멈추지 않을 것(However, ~ the river.)이라는 내용이 나오므로 일치하지 않는 것은 ③이다.

3 갠지스 강은 세균으로 가득하고 인간에게 위험할 수 있다는 언급은 있지만 강의 오염으로 인한 영향에 대한 언급은 없었으므로 정답은 ④이다.

4 (1) 너는 (A) 여전히 배가 고프니? 저녁 식사는 곧 준비될 거야.
(2) 그 선물에 (B) 아직 너무 신나지 마. 너를 위한 더 큰 놀라움이 있거든.
첫 번째 문장의 (A)는 '여전히'를 의미하며, 두 번째 문장에서 (B)는 '아직'의 의미가 적절하므로 정답은 yet(아직, 여전히)이다.

끊어서 읽기

갠지스 강은 ~이다 / 힌두교의 가장 중요한 부분 중 하나.
1 The Ganges River is / one of the most important parts of

힌두교도들은 믿는다 // 그 강은 신성한 장소라고 / 그리고
Hinduism. **2** Hindus believe // that the river is a holy place / and
              (~인 것을)

어휘 확인하기

holy 신성한, 성스러운
goddess 여신
even 심지어, ~조차도
wash off 씻어 없애다
past 과거

거기를 매우 자주 방문한다. 그들은 생각한다 // 강가 여신이 그 강에 산다고.
visit there very often. ³ They think // that the goddess Ganga lives
(~인 것을)

그래서 힌두교도들은 씻는다 / 또는 심지어 강의 물을 마신다.
in the river. ⁴ So, Hindus wash in / or even drink water from the

왜일까? 그들은 믿는다 // 강이 씻어 없애 줄 것이라고 / 그들의 죄를
river. ⁵ Why? ⁶ They believe // that the river will wash off / their sins
(~인 것을)

과거의 / 그리고 행운을 가져다준다고.
from the past / and bring good luck.

오늘날 갠지스의 물은 / 예전과 같지 않다.
⁷ Today, the water in the Ganges / is not the same as before.

많은 과학자들은 말한다 // 강은 지금 세균으로 가득하다고.
⁸ Many scientists say // that the river is full of bacteria now. ⁹ It can
(~인 것을)

그것은 인간에게 매우 위험할 수 있다. 그러나 / 힌두교도들은 강을 방문하는 것을
be very dangerous to humans. ¹⁰ However, / Hindus won't stop

멈추려 하지 않는다. 그들은 말한다 // 아무도 실제로 아프지 않았다고 /
visiting the river. ¹¹ They say // that no one actually got sick / from
-ing 〈~하는 것을〉 (~인 것을)

갠지스 강의 물로 / 아직. 아마 강가 여신이 정말로 살지도 모른다
the water in the Ganges / yet. ¹² Maybe the goddess Ganga really

/ 물에. 어쩌면 / 갠지스 강은 진짜로 기적으로 가득하다.
lives / in the water. ¹³ Perhaps, / the Ganges River is truly full of

miracles.

bacteria 《복수형》 박테리아, 세균	
however 그러나	
no one 아무도 ~ 않다	
actually 실제로	
yet 《부정문, 의문문에서》 아직, 여전히	
maybe 어쩌면, 아마	
perhaps 어쩌면	
truly 진실로, 거짓 없이	
full of ~로 가득 찬	
miracle 기적	

해석 한눈에 보기

¹ 갠지스 강은 힌두교의 가장 중요한 부분 중 하나이다. ² 힌두교도들은 그 강은 신성한 장소라고 믿고 그 곳을 매우 자주 방문한다. ³ 그들은 강가 여신이 그 강에 산다고 생각한다. ⁴ 그래서 힌두교도들은 씻거나 심지어 강의 물을 마신다. ⁵ 왜일까? ⁶ 그들은 강이 자신의 과거의 죄를 씻어 없애주고 행운을 가져다줄 것이라고 믿는다.

⁷ 오늘날 갠지스의 물은 예전과 같지 않다. ⁸ 많은 과학자들은 그 강은 이제 세균으로 가득하다고 말한다. ⁹ 그것은 인간에게 매우 위험할 수 있다. ¹⁰ 그러나 힌두교도들은 그 강을 방문하는 것을 멈추려 하지 않는다. ¹¹ 그들은 아직 아무도 갠지스의 물 때문에 실제로 아프지 않았다고 말한다. ¹² 아마도 강가 여신이 정말로 물에 살지도 모른다. ¹³ 어쩌면 갠지스 강은 진짜로 기적으로 가득할 것이다.

필수 구문 확인하기

² Hindus believe **that** the river is a holy place **and** visit there very often.

▶ 문장의 동사인 believe와 visit는 and로 연결되어 있으며, that ~ place는 명사절로 believe의 목적어이다.

¹⁰ However, Hindus **won't stop visiting** the river.

▶ won't는 will not의 줄임말로 '~하려 하지 않는다'라는 의지를 나타낸다. 「stop+-ing」는 '~하는 것을 멈추다'를 의미한다.

교육부 지정 중학 필수 어휘
1 Although   2 Pollution   3 reported   4 several   5 traffic   6 main

START READING!
1 오염, 공해   2 (1) F   (2) T   (3) F

KEEP READING!
1 (1) ②   (2) ③   (3) ②   (4) ②   2 ③   3 ②   4 ③

KEEP READING! 해설

1 (4) 심각한 대기 오염 문제가 있었던 공업 도시 채터누가에 대한 글이다. 가장 더러운 도시로 보도된 이후로 지방정부가 깨끗한 도시를 만들기 위해 어떤 노력을 했는지에 대한 내용이므로 정답은 ②이다.

2 채터누가가 공업 도시로 성공한 비결은 설명되지 않았으며, 도시 인구 수에 대한 언급도 없었다. 지방정부가 깨끗한 도시로 만들기 위해 공장을 닫았다고민 언급이 되었으며, 그 개수에 대해서는 언급뇌시 않았다. 당시 공장들이 많은 석탄을 사용했고 그것이 오염의 주된 원인이라고 했으므로 정답은 ③이다.

3 빈칸 뒷부분에서는 교통에 너무 위험한 120년 된 다리를 보행자들만 위한 것으로 만들었다는 내용이 나오고 있다. 채터누가가 살기 좋은 곳을 만들기 위해 어떤 노력을 하는지 예시를 설명하고 있으므로 정답은 ②이다.
① 그러나   ② 예를 들면   ③ 또한   ④ 대신에

4 주어진 문장은 '모든 패션모델들이 키가 큰 것은 아니다.'라는 의미이므로 정답은 ③이다.
① 모든 패션모델들은 키가 크다.
② 모든 패션모델들은 키가 작다.
③ 몇몇 패션모델들은 키가 크지 않다.

끊어서 읽기

¹ Chattanooga, Tennessee, was one of the top ten industrial cities /
테네시 주의 채터누가는 상위 열 개의 공업 도시 중 하나였다

in the United States. ² However, / this success was not all good /
미국에서.   *그런데*   *이 성공이 모두 좋은 것은 아니었다*

for the city. ³ In 1969, / the news reported // that Chattanooga was
도시를 위해.   *1969년에*   *뉴스는 보도했다*   *채터누가가 미국에서*
(~인 것을)

the dirtiest city in America. ⁴ Although people in the city already
가장 더러운 도시라고.   *비록 도시의 사람들이 이미 알고 있었지만*

knew / about the problem, // it was very shocking. ⁵ The
   그 문제에 대해   *그것은 매우 충격적이었다.*

government decided to take some action / in the city. ⁶ So, they
정부는 몇 가지 조치를 취하기로 결정했다   *도시에.*   *그래서 그들은*
to+동사원형 <~하는 것을>

made new laws / to make it a clean city. ⁷ In addition, / they closed
새로운 법을 만들었다   *그것을 깨끗한 도시로 만들기 위해.*   *또한*   *그들은 닫았다*
to+동사원형 <~하기 위해>

several factories / such as bomb factories. ⁸ Those factories were the
여러 개의 공장을   *폭탄 공장 같은.*   *그런 공장들은*

main cause of pollution // because they used a lot of coal.
오염의 주된 원인이었다   *그것들이 많은 석탄을 사용했기 때문에.*

어휘 확인하기

top 상위, 최고의
the United States 미국
however 그러나
success 성공
report (조사·연구의) 보고서;
(신문 등의) 보도, 기사; 보고하다;
보도하다
although 비록 ~일지라도, ~이
기는 하지만
shocking 충격적인
government 정부
take action ~에 대해 조치를
취하다, 행동에 옮기다
law 법, 법률
in addition 게다가, 또한
several 몇몇의, 여러 개의
such as ~와 같은
bomb 폭탄
main 주된, 주요한

채터누가는 여전히 노력하고 있다 / 살기 더 좋은 곳을 만들려고

9 Chattanooga is still trying / to make a better place to live. **10** For

_{to+동사원형 〈~하는〉}

예를 들어 / 120년 된 다리가 있었다 // 그러나 그것은 너무 위험했다

example, / there was a 120-year-old bridge, // but it was too

/ 교통에. 그래서 도시는 다리를 보행자만을 위한 것으로 만들었다.

dangerous / for traffic. **11** So, the city made the bridge only for

walkers.

해석 한눈에 보기

1 테네시 주의 채터누가는 미국의 상위 열 개의 공업 도시 중 하나였다. **2** 그런데 이 성공이 도시를 위해 모두 좋은 것은 아니었다. **3** 1969년에 뉴스는 채터누가가 미국에서 가장 더러운 도시라고 보도했다. **4** 비록 그 도시의 사람들이 이미 문제에 대해 알고 있었지만 그것은 매우 충격적이었다. **5** 정부는 도시에 몇 가지 조치를 취하기로 결정했다. **6** 그래서 그들은 도시를 깨끗한 도시로 만들기 위해 새로운 법을 만들었다. **7** 또한 그들은 폭탄 공장 같은 여러 개의 공장을 닫았다. **8** 그런 공장들은 많은 석탄을 사용했기 때문에 오염의 주된 원인이었다. **9** 채터누가는 여전히 살기 더 좋은 곳으로 만드는 노력을 하고 있다. **10** 예를 들어 120년 된 다리가 있었는데 그것은 차량 교통에 너무 위험했다. **11** 그래서 그 도시는 다리를 보행자만을 위한 것으로 만들었다.

필수 구문 확인하기

3 In 1969, the news reported **that** Chattanooga was the dirtiest city in America.

▸ that은 명사절을 이끄는 접속사며 that 이하는 reported의 목적어이다.

6 So, they made new laws **to make it a clean city.**
<u>　　　　　　　　　　　O′ =　　　C′</u>

▸ 「to+동사원형」이 이끄는 구에는 「make+목적어+명사」의 구조가 쓰였다. '~을 …으로 만들다'를 의미한다.

Chapter 09

본문 p.48~51

01 [과학 | 지구계와 지권의 변화] 행운이 가득한 공원

교육부 지정 중학 필수 어휘
1 public 2 unique 3 staff 4 discovered 5 search 6 surprise

START READING!
1 ① 2 (1) T (2) T (3) F

KEEP READING!
1 (1) ③ (2) ② (3) ② 2 ② 3 search 4 surprise

KEEP READING! 해설

1 (3) 다이아몬드를 발견하고 가질 수 있는 한 공원을 소개하는 글이다. 다이아몬드를 생산하는 곳 중에 유일하게 대중에게 열려있는 공원이며, 하루에 평균 두 명의 방문객들이 나이아몬드를 발견하는 행운을 얻는다는 내용이므로 정답은 ②이다.

2 다이아몬드 주립공원 입장료는 언급되지 않았으며, 공원에서 다이아몬드가 많이 발견되는 장소에 관해 설명되지 않고 있다. 다이아몬드 주립공원에서 하루 평균 2명의 방문객이 다이아몬드를 발견하지만, 하루 평균 방문객 수는 언급되지 않았다. 빅토리아가 발견한 다이아몬드는 갈색의 2.65 캐럿이라고 했으므로 정답은 ②이다.

3 '무언가 또는 누군가를 조심스럽게 둘러보면서 찾으려고 하는 것'을 의미하는 search(찾다, 검색하다)가 정답이다.

4 (1) 네가 게임에 졌다는 것은 (A) 뜻밖의 일이 아니다. 너는 충분히 연습하지 않았다.
(2) 우리는 이 가면으로 그녀를 (B) 놀라게 할 것이다.
첫 번째 문장의 (A)는 '뜻밖의 일, 놀라움'이라는 말이 들어가고, 두 번째 문장의 (B)는 '놀라게 하다'라는 말이 들어가야 적절하므로 정답은 surprise(뜻밖의 일, 놀라움; ~을 놀라게 하다)이다.

끊어서 읽기

¹ On May 6, 2017, Victoria was walking / at Crater of Diamonds State Park. (2017년 5월 6일에 빅토리아는 걷고 있었다 / 다이아몬드 주립공원에서.)

² She found a diamond / within 10 minutes // after she arrived at the park. (그녀는 다이아몬드를 발견했다 / 10분 이내에 // 그녀가 공원에 도착한 후.)

³ First, Victoria thought // that it was just a unique piece of glass. (처음에 빅토리아는 생각했다 // 그것은 단지 독특한 유리 조각이라고.) ((~인 것을))

⁴ Then, she went to the information center / to check // if it was a diamond. (그리고 나서 그녀는 안내소에 갔다 / 확인하기 위해 // 그것이 다이아몬드인지.) (to+동사원형 〈~하기 위해〉)

⁵ She got quite a surprise! (그녀에게 제법 뜻밖의 일이 생겼다!)

⁶ A park staff member checked and told her, // "This is a brown diamond." (공원의 직원은 확인했고 그녀에게 말했다 // "이것은 갈색 다이아몬드예요.")

⁷ It was a 2.65 carat diamond / with a brown color. (그것은 2.65캐럿의 다이아몬드였다 / 갈색의.)

⁸ On the same day, / two other people discovered diamonds, too. (같은 날 / 두 명의 다른 사람들 역시 다이아몬드를 발견했다.)

어휘 확인하기

diamond 다이아몬드
within (장소·시간 등) ~이내에
unique 독특한, 유일무이한
piece 조각, 일부분
information center 안내소
quite 제법, 꽤
surprise 뜻밖의 일, 놀라움; ~을 놀라게 하다
staff 직원
carat 캐럿 《보석의 무게 단위》
discover 발견하다; 알다, 깨닫다
public 공공의, 공중의; 대중, 일반 사람들
among ~의 사이에, ~ 중에
produce 생산하다, 산출하다
on average 평균적으로
hunter (특정한 것을) 찾아다니는 사람
search 찾다, 검색하다

9 Only Crater of Diamonds State Park / is open to the public /
오직 다이아몬드 주립 공원만 / 대중에게 열려 있다 /

among diamond-producing places / in the world. **10** In one day, / two
다이아몬드를 생산하는 장소 중에서 / 전 세계의. 하루에 /

visitors on average find a diamond. **11** If you find a diamond, // you
평균적으로 두 명의 방문객들이 다이아몬드를 발견한다. 만약 당신이 다이아몬드를 발견한다면 //

can keep it. **12** So, many diamond hunters visit the park / to search
당신은 그것을 가질 수 있다. 그래서 많은 다이아몬드를 찾는 사람들이 공원을 방문한다 /

for diamonds. **13** Why don't you visit the park? **14** You might just get lucky!
다이아몬드를 찾기 위해. 공원에 방문해 보는 게 어떤가? 당신은 운이 좋을 수도 있다!
to+동사원형 〈~하기 위해〉

해석 한눈에 보기

¹ 2017년 5월 6일에 빅토리아는 다이아몬드 주립 공원을 걷고 있었다. ² 그녀는 공원에 도착한 지 10분 이내에 다이아몬드를 발견했다. ³ 처음에 빅토리아는 그것이 단지 독특한 유리 조각이라고 생각했다. ⁴ 그리고 나서 그녀는 그것이 다이아몬드인지 확인하기 위해 안내소에 갔다. ⁵ 그녀에게 제법 뜻밖의 일이 생겼다! ⁶ 공원의 직원은 확인했고 그녀에게 말했다. "이것은 갈색 다이아몬드예요." ⁷ 그것은 갈색의 2.65캐럿짜리 다이아몬드였다. ⁸ 같은 날 두 명의 다른 사람도 다이아몬드를 발견했다.

⁹ 전 세계에서 다이아몬드가 생산되는 장소 중 오직 다이아몬드 주립 공원만 대중에게 열려있다. ¹⁰ 하루에 평균적으로 두 명의 방문객들이 다이아몬드를 발견한다. ¹¹ 만약 당신이 다이아몬드를 발견한다면, 당신은 그것을 가질 수 있다. ¹² 그래서 다이아몬드를 찾아다니는 많은 사람들이 다이아몬드를 찾기 위해 공원을 방문한다. ¹³ 공원에 방문해 보는 게 어떤가? ¹⁴ 당신은 운이 좋을 수도 있다!

필수 구문 확인하기

³ First, Victoria thought **that** it was just a unique piece of glass.

▶ 접속사 that이 이끄는 명사절이 thought의 목적어로 쓰였다.

⁴ Then, she went to the information center **to check** if it was a diamond.

▶ to check는 '확인하기 위해'라는 의미로 부사적 용법으로 쓰인 to부정사이다.

▶ 접속사 if가 이끄는 명사절이 check의 목적어로 쓰였으며, 여기에서 if는 '~인지 아닌지'의 의미이다.

¹³ **Why don't you visit** the park?

▶ 「why don't you ~?」은 '~하는 게 어때?'라는 의미로 권유나 제안할 때 쓰인다.

02 [역사 | 문명의 형성과 고조선의 성립] 잘쇼프

본문 p.52~55

교육부 지정 중학 필수 어휘
1 appeared **2** stole **3** instead **4** storm **5** separate **6** suddenly

> **START READING!**

1 ① **2** (1) T (2) F (3) T

> **KEEP READING!**

1 (1) ③ (2) ② (3) ① (4) ① (5) ② **2** (1) F (2) T (3) F **3** steal **4** ③

KEEP READING! 해설

1 (5) 1890년대에 있었던 폭풍으로 우연히 발견된 잘쇼프에 관한 내용이다. 잘쇼프에서 발견된 것을 통해 과거 바이킹들이 왜 그곳에 오게 되었고 무엇을 하면서 살았는지를 설명하는 내용이므로 정답은 ②이다.

2 (1) 1890년대 있었던 폭풍으로 인해 잘쇼프가 발견되었다고 했으므로 정답은 F이다.
   (2) 공동 주택 안에서 많은 가족들이 함께 살았다고 말하고 있다. 정답은 T이다.
   (3) 노르웨이에서 온 바이킹들은 처음에는 잘쇼프에 도둑질하려고 왔으나 그곳에 머물러 살기로 했다는 내용이다. 정답은 F이다.

3 '물어보지 않고 상대방에게서 무언가를 가져가는 것'이라는 뜻이므로 steal(훔치다, 도둑질하다)이 정답이다.

4 스코틀랜드에서 우연히 발견된 잘쇼프 유적지를 통해 바이킹들이 어떻게 생활했는지 알 수 있다는 내용이다. 처음에는 바이킹들이 도둑질하러 왔다가 결국엔 정착했다는 언급은 있지만, 물건을 훔친 이유에 대한 언급은 없었으므로 정답은 ③이다.

끊어서 읽기

¹ There was a big storm / in the 1890s in Scotland. ² The strong
winds carried away sand, // and Jarlshof suddenly appeared. ³ Soon
after, / researchers found many interesting things, / such as
longhouses and outbuildings. ⁴ What are longhouses and
outbuildings? ⁵ A longhouse is a 21-meter-long wooden house.
⁶ Many families used to live / in them together. ⁷ An outbuilding is
a part of a house, // but it is separate / from a main building.
⁸ Many experts also believe // that there used to be barns and
blacksmiths' workshops as well.
⁹ Vikings from Norway / came to Jarlshof / in the 800s. ¹⁰ At first, /
they just wanted to steal things / and move on to another place.
¹¹ But instead, / they decided to stay / and live there. ¹² They built
longhouses / and lived there / with their families. ¹³ There were also
farms, // and they kept animals. ¹⁴ They made their living / that way.

어휘 확인하기

storm 폭풍, 폭풍우
Scotland 스코틀랜드
suddenly 갑자기
appear 나타나다, 나오다; ~인 것 같다
researcher 연구원
interesting 흥미로운
such as ~와 같은
longhouse (일자형의) 공동 주택
outbuilding 별채
wooden 나무로 된
used to ~하곤 했다
separate 분리된, 따로 떨어진; 분리하다, 떼어놓다
main 주된, 주요한
expert 전문가
barn 헛간
as well ~도, 또한
Norway 노르웨이
at first 처음에는
steal 훔치다, 도둑질하다
move on to ~로 이동하다, ~로 옮기다
instead 대신에
make one's living 생계를 꾸리다
way 방법, 방식

해석 한눈에 보기

¹ 1890년대 스코틀랜드에 큰 폭풍우가 있었다. ² 강한 바람은 모래를 휩쓸어 갔고, 잘쇼프가 갑자기 나타났다. ³ 그 후 곧 연구원들은 공동 주택과 별채와 같은 많은 흥미로운 것들을 발견했다. ⁴ 공동 주택과 별채란 무엇일까? ⁵ 공동 주택은 21미터 길이의 나무로 된 집이다. ⁶ 많은 가족들이 그 안에서 함께 살곤 했다. ⁷ 별채는 집의 한 부분이지만 본채에서 떨어져 있다. ⁸ 많은 전문가들은 또한 헛간과 대장간도 있었을 것이라고 생각한다.
⁹ 노르웨이의 바이킹들은 800년대에 잘쇼프에 왔다. ¹⁰ 처음에 그들은 단지 물건을 훔치고 다른 곳으로 이동하기를 원했다. ¹¹ 그러나 대신에 그들은 거기 머물러 살기로 결정했다. ¹² 그들은 공동 주택을 짓고 거기에서 가족들과 살았다. ¹³ 농장도 있었고, 그들은 동물을 길렀다. ¹⁴ 그들은 그런 방법으로 생계를 꾸려갔다.

6 Many families **used to live** in them together.

▶ 「used to+동사원형」은 '~하곤 했다'의 의미로, 과거의 습관이나 상태를 나타낸다. 현재는 더 이상 그렇지 않다는 의미도 담고 있다.

8 Many experts also believe **that** there used to be barns and blacksmiths' workshops as well.

▶ that이하의 명사절은 동사 believe의 목적어로 쓰였다.

10 At first, they just wanted **to steal** things **and** (to) **move** on to another place.

▶ 문장의 목적어로 쓰인 두 개의 to부정사구가 and로 대등하게 연결되었다.

---

03 [사회 | 문화의 다양성과 세계화] 부활절 달걀

본문 p.56~59

교육부 지정 중학 필수 어휘
1 boil **2** spend **3** special **4** celebrating **5** decorated

START READING!

1 ③ **2** people spend Easter

KEEP READING!

1 (1) ③ (2) ② (3) ③ (4) ② (5) ① **2** ③ **3** ③ **4** It is one of the European traditions

---

KEEP READING! 해설

1 (5) 부활절은 크리스마스만큼 특별한 날이며 우리나라를 비롯한 다른 나라에서 부활절을 기념하는 다양한 방법을 소개하는 글이다. 정답은 ①이다.

2 부활절 달걀 사냥은 19세기 초에 시작되었다(The game started in Europe in the early nineteenth century.)고 했으므로 정답은 ③이다.

3 부활절 달걀의 유래는 언급되지 않았으며, 달걀 대신 초콜릿을 이용하는 나라가 있다고는 하지만 그 이유는 설명되지 않고 있다. 부활절 보닛을 어떻게 만드는지만 언급되었으며, 그 크기에 대해서는 언급되지 않았다. 부활절 달걀 사냥은 유럽에서 처음 시작되었다고 했으므로 정답은 ③이다.

4 빈칸 앞부분은 유럽에서 시작된 부활절 달걀 찾기에 관해 설명한 다음 여성들과 아이들은 꽃이 달린 모자인 부활절 보닛을 만든다는 내용이다. 빈칸 다음에는 봄을 기념한다는 내용이 이어지고 있으므로 빈칸에는 부활절 보닛을 만드는 것이 유럽의 전통 중 하나라는 내용이 들어가는 것이 적절하다. 따라서 '그것은 유럽의 전통 중 하나이다'란 뜻의 It is one of the European traditions가 정답이다.

끊어서 읽기

부활절은 크리스마스만큼 특별하다. 한국에서 교회를 다니는 사람들은 /
¹ Easter is as special as Christmas. ² Churchgoers in Korea / celebrate

부활절을 교회에서 기념한다 / 그리고 부활절 노래를 부른다. 그들은 또 부활절 달걀을 만든다.
Easter at churches / and sing Easter songs. ³ They also make Easter

그들은 달걀을 삶아서 그것을 장식한다. 그리고 나서 그들은 그것을 준다 /
eggs. ⁴ They boil eggs and decorate them. ⁵ Then they give them /

선물로 / 다른 사람들에게. 다른 나라들은 어떻게 부활절을 보낼까?
as presents / to others. ⁶ How do other countries spend Easter?

다른 나라의 사람들은 초콜릿을 이용한다 / 삶은 달걀 대신에.
⁷ People in other countries use chocolate / instead of boiled eggs.

어휘 확인하기

Easter 부활절
special 특별한, 특수한
celebrate 기념하다, 축하하다
boil (물이나 액체가) 끓다, 끓이다; 삶다, 삶아지다
decorate 장식하다
spend (돈을) 쓰다, 소비하다; (시간을) 보내다, 지내다
instead of ~ 대신에
boiled egg 삶은 달걀

그들은 초콜릿 달걀을 선물로 준다.   그들은 또한 부활절 달걀 찾기를 한다.

⁸ They give chocolate eggs as presents. ⁹ They also have an Easter

그 놀이는 시작되었다 / 유럽에서 / 19세기 초반에.

egg hunt. ¹⁰ The game started / in Europe / in the early nineteenth

어떤 엄마들과 아빠들은 그들의 아이들에게 말한다 //

century. ¹¹ Some mothers and fathers tell their children // that the
(~인 것을)

부활절 토끼가 달걀을 가져온다고 / 그리고 그것을 정원에 숨긴다고.

Easter bunny brings eggs / and hides them in the garden. ¹² Then

그다음에 아이들은 밖으로 나간다 / 그리고 초콜릿 달걀을 찾는다.   몇몇의 여성들과 아이들은

children go out / and find the chocolate eggs. ¹³ Some women and

또한 부활절 보닛을 만든다.   부활절 보닛은 모자이다 /

children also make Easter bonnets. ¹⁴ An Easter bonnet is a hat /

많은 꽃이 그 위에 있는.   그것은 유럽의 전통 중 하나이다 /

with many flowers on it. ¹⁵ It is one of the European traditions / to

봄을 기념하는.

celebrate spring.
to+동사원형 〈~ 하는〉

Easter egg hunt 부활절 달걀 찾기
Europe 유럽
century 세기, 100년
bunny 토끼
hide 숨기다
European 유럽의
tradition 전통, 관례

해석 한눈에 보기

¹ 부활절은 크리스마스만큼 특별하다. ² 한국에서 교회를 다니는 사람들은 부활절을 교회에서 기념하고 부활절 노래를 부른다. ³ 그들은 또한 부활절 달걀을 만든다. ⁴ 그들은 달걀을 삶고 그것을 장식한다. ⁵ 그리고 나서 그들은 그것을 다른 사람들에게 선물로 준다. ⁶ 다른 나라들은 어떻게 부활절을 보낼까? ⁷ 다른 나라의 사람들은 삶은 달걀 대신 초콜릿을 이용한다. ⁸ 그들은 초콜릿 달걀을 선물로 준다. ⁹ 그들은 또한 부활절 달걀 찾기를 한다. ¹⁰ 그 놀이는 유럽에서 19세기 초반에 시작되었다. ¹¹ 어떤 엄마들과 아빠들은 자신의 아이들에게 부활절 토끼가 달걀을 가져와서 그것들을 정원에 숨긴다고 말한다. ¹² 그러면 아이들은 나가서 초콜릿 달걀을 찾는다. ¹³ 몇몇의 여성들과 아이들은 또한 부활절 보닛을 만든다. ¹⁴ 부활절 보닛은 위에 많은 꽃이 있는 모자이다. ¹⁵ 그것은 봄을 기념하는 유럽의 전통 중 하나이다.

필수 구문 확인하기

¹¹ Some mothers and fathers tell their children **that** the Easter bunny brings eggs and hides them in the
                         V   IO   DO

garden.
▶ 여기서 tell은 '~에게 …을 말하다'란 뜻으로 두 개의 목적어를 취하는 동사로 쓰였다. that은 명사절은 이끄는 접속사이다.

¹⁵ It is one of *the European traditions* [**to celebrate** spring].
▶ to celebrate spring은 앞에 the European traditions를 꾸며주며, to celebrate는 '기념하는'으로 해석한다.

---

04   [국어ㅣ풍자 소설] 왕자와 거지   본문 p.60~63

교육부 지정 중학 필수 어휘
1 normal   **2** interesting   **3** switch   **4** experienced   **5** fair   **6** reality

START READING!
1 ③   **2** ①

KEEP READING!
1 (1) ②   (2) ①   (3) ③   (4) ②   (5) ③   **2** ③   **3** (b)   **4** fair

1 (5) 16세기 영국 사회의 문제점을 지적하는 「왕자와 거지」를 소개하는 내용이다. 작가가 「왕자와 거지」의 등장인물들과 재미있는 이야기를 통해 무엇을 묘사하고 싶었는지를 설명하는 내용이므로 정답은 ③이다.

2 「왕자와 거지」에서 마지막에 왕자와 거지가 행복하게 살았다고 했고, 작가의 이름도 언급이 되었다. 또한, 작가는 「왕자와 거지」를 통해 현실과 이상적인 것의 차이점과 사회 문제점을 지적하고 싶었다고 했다. 작가가 어디에 살았는지에 대한 언급은 없으므로 정답은 ③이다.

3 본문의 experience는 '경험하다, 체험하다'라는 뜻이다. 따라서 정답은 (b)이다.
　(a) 그녀는 5년의 가르친 경험을 가지고 있다.
　(b) 배우들은 영화에서 연기할 때 다른 삶을 경험할 수 있다.

4 (1) 우리는 양쪽 선수에게 (A) 공정해야 한다.
　(2) 나는 숙제에 (B) 꽤 많은 시간을 보냈다.
　첫 번째 문장의 (A)는 '공정한, 공평한, 정당한'이라는 말이 들어가고, 두 번째 문장의 (B)는 '꽤 많은, 상당한'이라는 말이 들어가야 적절하므로 정답은 fair(공정한, 공평한, 정당한; 꽤 많은, 상당한)이다.

끊어서 읽기

「왕자와 거지」에서 / 한 왕자와 거지가 매우 닮았다.
1 In *The Prince and the Pauper*, / a prince and a pauper looked

어느 날 / 왕자는 그의 옷과 신분을 바꿨다 /
much alike. **2** One day, / the prince switched his clothes and place /

거지와 // 그는 무언가 다른 것을 경험하고 싶었기 때문에.
with the pauper // because he wanted to experience something
　　　　　　　　　　　　　　　　　　　　　to+동사원형 〈~하는 것을〉

그러나 곧 / 그들은 그들 자신의 자리를 그리워했다. 마지막에는 /
different. **3** But soon, / they missed their own places. **4** In the end, /

모든 것은 다시 정상으로 돌아갔다 // 그리고 왕자와 거지는 영원히 행복하게 살았다.
everything went back to normal, // and the prince and the pauper

그 이야기는 재미있어 보인다 /
lived happily ever after. **5** The story seems fun / and full of

그리고 흥미로운 모험으로 가득하다. 그러나 그것은 어떤 다른 이야기와도 같지 않다.
interesting adventures. **6** But it's not like any other story.

작가인 마크 트웨인은 / 차이를 묘사하길 원했다 /
7 The writer, Mark Twain, / wanted to describe the difference /
　　　　　　　　　　　　　　　　　to+동사원형 〈~하는 것을〉

우리의 이상적인 세계와 현실 사이의 / 등장인물인 왕자와 거지로.
between our ideal world and reality / with the characters, the prince and

그는 또한 영국의 문제를 보여 주길 원했다 /
the pauper. **8** He also wanted to show the problems of England / in
　　　　　　　　　　　　　to+동사원형 〈~하는 것을〉

16세기의. 그 당시에 / 영국에서 / 사회는 사람들에게 공평하지 않았다.
the 16th century. **9** At that time, / in England, / society was not fair

아주 큰 격차가 있었다 / 부자들과 가난한 사람들 사이에.
for people. **10** There was a huge gap / between the rich and the

트웨인은 지적하고 싶었다 // 왕족이 권력을 두고 싸운다는 것을
poor. **11** Twain wanted to point out // that the royals fought
　　　　　　　　　　　　　　　　　　　〈~인 것을〉

/ 그리고 그들의 백성은 돌보지 않는다는 것을.
over power / and didn't care for their people.

어휘 확인하기

alike 서로 같은, 비슷한
switch 스위치; (생각·화제·장소 등을) 바꾸다, 돌리다
place (사회적) 위치, 신분, 자리
experience 경험, 체험; 경험하다, 체험하다
soon 곧, 머지않아
own 자기 자신의
normal 정상인; 보통, 정상
live happily ever after 영원히 행복하게 살다
interesting 흥미 있는, 재미있는
adventure 모험
describe 묘사하다
difference 차이
reality 진실; 현실, 사실
character 등장인물
century 세기, 100년
society 사회
fair 공정한, 공평한, 정당한; 꽤 많은, 상당한
huge 거대한
gap 큰 차이, 격차
point out 지적하다, 언급하다
royal 왕족
care for ~을 돌보다

해석 한눈에 보기

¹「왕자와 거지」에서 한 왕자와 거지는 매우 닮았다. ² 어느 날, 왕자는 다른 무언가를 경험하고 싶었기 때문에 자신의 옷과 신분을 거지와 바꿨다. ³ 그러나 곧 그들은 자신들의 자리를 그리워했다. ⁴ 마지막에는 모든 것은 정상으로 돌아갔고 왕자와 거지는 영원히 행복하게 살았다. ⁵ 그 이야기는 재미있고 흥미로운 모험으로 가득한 것처럼 보인다. ⁶ 그러나 그것은 어떤 다른 이야기와도 다르다.

⁷ 작가인 마크 트웨인은 등장인물인 왕자와 거지로 이상적인 세계와 현실 사이의 차이를 묘사하길 원했다. ⁸ 그는 또한 16세기 영국의 문제를 보여 주길 원했다. ⁹ 그 당시에 영국에서 사회는 사람들에게 공평하지 않았다. ¹⁰ 부자와 가난한 사람들 간에 아주 큰 격차가 있었다. ¹¹ 트웨인은 왕족은 권력을 두고 싸우고 백성을 돌보지 않는다는 것을 지적하고 싶었다.

필수 구문 확인하기

² ~ because he wanted to experience *something* **different**.

　▶ something을 꾸며주는 형용사는 뒤에 온다.

¹⁰There was a huge gap between **the rich** and **the poor**.

　▶ the rich는 '부자들', the poor는 '가난한 사람들'을 의미한다.

Chapter 10

교육부 지정 중학 필수 어휘
1 explained   2 blows   3 stick   4 signal   5 hole

START READING!
1 ①   2 didn't know much about

KEEP READING!
1 (1) ②   (2) ③   (3) ③   (4) ①   2 ③   3 signal   4 but she was not nice

---

KEEP READING! 해설

1 (4) 옛날 사람들은 화산에 관해 잘 몰랐기 때문에 로마 신화에 등장하는 불의 신 불칸과 하와이에 전해 내려오는 불의 여신 펠레의 신화를 믿었다는 내용이다. 당시 사람들은 화산이 일어나는 이유를 이 신화들을 통해 믿었다는 내용이므로 정답은 ①이다.

2 지진은 화산이 폭발하려는 징후라고 했고, 불칸의 대장간은 화산 안쪽에 있다고 했다. 또한 펠레가 땅에 마법 막대로 불구멍을 만들어 불을 내면 그 불이 화산으로 이어졌다고 설명했다. 하와이에는 많은 활화산이 있지만, 활화산의 개수에 관한 언급은 없었으므로 정답은 ③이다.

3 ⓐ는 '지시, 경고나 다른 정보를 제공하는 움직임이나 행동'을 의미하고 ⓑ는 '어떤 행동을 시작하기 위해 보내는 신호'를 의미하므로 signal(신호; 징조, 징후)가 정답이다.

4 빈칸 앞에서 펠레는 불의 여신이라고 했고, 빈칸 뒤에서는 그녀가 성질이 매우 나빴다고 했으므로 빈칸에는 펠레는 착하지 않다는 내용이 와야 적절하다. 따라서 '하지만, 그녀는 착하지 않았다'라는 뜻의 but she was not nice가 정답이다.

끊어서 읽기

^{지진은 한 징후이다}   //   ^{화산이 폭발할 준비가 되었다.}   ^{오늘날}
¹ An earthquake is a signal // that a volcano is ready to blow. ² Today
        (~이라는)   (to+동사원형 〈~ 할〉)

^{우리는 이것을 안다}   //   ^{하지만 고대 로마의 사람들은 알지 못했다.}   ^{그래서 그들은}
we know this, // but people in ancient Rome didn't. ³ So, they made

^{화산 관련 이야기들을 만들어 냈다}   /   ^{그것들의 유래를 설명하기 위해.}   ^{한 이야기에서는}   /
up stories about volcanoes / to explain their origin. ⁴ In one story, /
               (to+동사원형 〈~하기 위해〉)

^{불의 신인 불칸이 있었다.}   ^{그는 대장장이였다}   //
there was the god of fire, Vulcan. ⁵ He was a blacksmith, // and his

^{그리고 그의 가게는 화산 안에 있었다.}   ^{그의 일은 ~이었다}   /   ^{다른 신들을 위해 무언가를 만드는 것.}
shop was inside a volcano. ⁶ His job was / to make things for other
                       (to+동사원형 〈~하는 것〉)

^{화산에서 불이 나타났다}
gods. ⁷ The fire from a volcano appeared // when Vulcan was

^{불칸이 자신의 가게에서 일하고 있을 때.}
working in his shop.

^{하와이에는}   /   ^{많은 활화산이 있다}   /   ^{그리고 그것에 대한}
⁸ In Hawaii, / there are many active volcanoes / and many stories

^{많은 이야기도 있다.}   ^{예를 들어}   /   ^{펠레는 불의 여신이었다}   //
about them, too. ⁹ For example, / Pele was the goddess of fire, //

어휘 확인하기

earthquake 지진
signal 신호; 징조, 징후
blow (바람이) 불다; (입으로) 불다; 폭파하다
ancient 고대의
Rome 로마
make up (이야기를) 만들어 내다, 지어내다
explain (사실·입장 등을) 설명하다
origin 기원, 유래
appear 나타나다
active volcano 활화산
goddess 여신
mean 심술궂은, 성질이 나쁜
hole 구멍, 구덩이
magic 마법의
stick 나뭇가지; (특정한 목적에 쓰이는) 막대; ~을 붙이다

| | 그러나 그녀는 전혀 착하지 않았다. | 그녀는 성질이 매우 나빴다. | 그녀가 화가 났을 때 | **lead to** (결과적으로) ~로 이어 |

그러나 그녀는 전혀 착하지 않았다. / 그녀는 성질이 매우 나빴다. / 그녀가 화가 났을 때

but she was not nice at all. ¹⁰ She was very mean. ¹¹ When she was

지다, 초래하다
spirit 영혼

// 그녀는 땅에 불구멍을 만들었다 / 그녀의 마법의 막대로.

mad, // she made a hole of fire in the ground / with her magic stick.

그녀가 산에 불을 내기 시작했다 // 그리고 그 불은 화산으로 이어졌다.

¹² She started fires in the mountains, // and those fires led to

어떤 사람들은 여전히 믿는다 // 그녀의 영혼이 산다고 /

volcanoes. ¹³ Some people still believe // that her spirit lives / in
(~인 것을)

하와이의 활화산 중 하나에.

one of the active volcanoes in Hawaii.

해석 한눈에 보기

¹ 지진은 화산이 폭발할 준비가 되었다는 징후이다. ² 오늘날 우리는 이것을 알지만, 고대 로마사람들은 알지 못했다. ³ 그래서 그들은 화산의 유래를 설명하기 위해 화산 관련 이야기를 만들어 냈다. ⁴ 한 이야기에서는 불의 신인 불칸이 있었다. ⁵ 그는 내상장이었고, 그의 가게는 화산 안쪽에 있었다. ⁶ 그의 일은 다른 신들을 위해 무언가를 만드는 것이었다. ⁷ 불칸이 그의 가게에서 일하고 있을 때 화산의 불이 나타났다.
⁸ 하와이에는 많은 활화산이 있고 그것에 대한 많은 이야기도 있다. ⁹ 예를 들어 펠레는 불의 여신이었는데, 그녀는 전혀 착하지 않았다. ¹⁰ 그녀는 성질이 매우 고약했다. ¹¹ 그녀가 화가 났을 때, 그녀는 마법 막대로 땅에 불구멍을 만들었다. ¹² 그녀가 산에 불을 내기 시작했고 그 불은 화산으로 이어졌다.
¹³ 어떤 사람들은 여전히 하와이의 활화산 중 하나에 그녀의 영혼이 산다고 믿는다.

필수 구문 확인하기

¹ An earthquake is **a signal that** a volcano is ready to blow.

> that절은 a signal과 동격으로, 구체적인 내용을 설명하고 있다. '화산이 폭발할 준비가 되었다는 신호'라는 의미이다.

² Today we **know this**, but people in ancient Rome **didn't** (know this).

> didn't뒤에 앞에 나온 어구 know this가 생략되었다.

⁶ His job was **to make** things for other gods.
   S   V   C
> to make 이하는 문장의 보어로 쓰인 to부정사구로, '~하는 것'이라는 의미이다.

¹³ Some people still believe **that her spirit lives in one of the active volcanoes in Hawaii.**

> 접속사 that이 이끄는 명사절(that ~ in Hawaii)이 believe의 목적어로 쓰였다.

---

02 [수학 | 기본 도형과 작도] 옵아트

본문 p.70~73

교육부 지정 중학 필수 어휘

1 shape 2 subjects 3 landscapes 4 seem 5 deliver

START READING!

1 ① 2 (1) F (2) T (3) T

KEEP READING!

1 (1) ③ (2) ③ (3) ① (4) ② (5) ① 2 ② 3 ③ 4 subject

KEEP READING! 해설

1 (5) 모양과 무늬를 사용해 착시 현상을 일으키는 옵아트의 특징을 소개하므로 정답은 ①이다.

2 옵아트 그림들은 시각적인 효과를 만들기 위해 많은 모양, 무늬 그리고 선명한 색을 사용한다(Op art paintings ~ effects.)고 했으며 회색에 대한 언급은 없었다. 따라서 글의 내용과 일치하지 않는 것은 ②이다.

3 지문에서는 옵아트는 착시 때문에 움직이는 것처럼 보인다고 하며, 그것을 오래 봤을 때의 사람들의 반응에 대해서도 언급했다. 또한, 옵아트는 대상이 없다고 설명하지만, 옵아트의 대표 화가에 대한 언급은 없었으므로 정답은 ③이다.

4 '사진, 그림 또는 어떤 예술 작품에 나오는 사람이나 사물'을 의미하는 subject((그림·사진 등의) 대상, 소재)가 정답이다.

끊어서 읽기

당신이 옵아트 그림을 볼 때 // 당신은 놀랄 것이다 //
¹ **When you look at op art paintings,** // **you will be surprised** //

그것이 움직이기 때문에! 그것은 마술인가? 그것이 정말로 움직이는가? 물론 아니다.
because they move! ² **Is it magic?** ³ **Do they really move?** ⁴ **Of course**

그것은 마술이 아니다 // 그리고 그것은 실제로 움직이지 않는다. 그것은 ~처럼 보인다 /
not. ⁵ **It's not magic,** // **and they don't really move.** ⁶ **They "seem"** /

움직이는 것 / 착시 때문에. 옵아트의 그림들은 사용한다 /
to move / **because of optical illusions.** ⁷ **Op art paintings use** / **many**
to+동사원형 〈~하는 것〉

많은 모양, 무늬, 그리고 선명한 색을 / 시각적인 효과를 만들기 위해.
shapes, patterns, and vivid colors / **to create visual effects.** ⁸ **The**
to+동사원형 〈~하기 위해〉

움직임의 착각은 / 이런 모양과 무늬, 그리고 색에서 나온다.
illusions of movement / **come from these shapes, patterns, and**

그러니 그것을 보지 마라 / 너무 오랫동안, 그렇지 않으면 당신은
colors. ⁹ **So, don't look at them** / **for too long,** // **or you will feel**

어지러움을 느낄 것이다!
dizzy!

옵아트는 단지 모양과 무늬를 사용하기 때문에 //
¹⁰ **Because op art uses only shapes and patterns,** // **it is different**

그것은 다른 종류의 그림들과 다르다. 대부분의 그림들은 대상을 갖는다 /
from other kinds of paintings. ¹¹ **Most paintings have a subject,** /

사물이나 풍경 같은. 그리고 그것은 보통 불러일으킨다 /
such as a thing or a landscape. ¹² **And they usually stir up** /

사람의 느낌과 감정을. 그런데 / 옵아트는 대상이 없다
feelings and emotions in people. ¹³ **However,** / **op art doesn't have**

/ 또는 감정을 전하지 않는다. 옵아트는 오직 모양과 무늬를 갖는다
a subject / **or deliver emotions.** ¹⁴ **Op art has only shapes and**

// 그리고 그것은 단지 착시를 준다 / 보는 사람에게.
patterns, // **and it delivers only optical illusions** / **for viewers.**

어휘 확인하기

surprised 놀란
of course not 물론 아니다
seem ~처럼 보이다, ~인 것처럼 생각되다
shape 모양, 형태
pattern 무늬, 패턴
vivid 선명한
create 창조하다, 만들어 내다
visual 시각의
effect 효과
dizzy 어지러운
subject (논의) 주제, 문제; 과목, 교과; (그림·사진 등의) 대상, 소재
landscape 풍경, 경치
stir up 불러일으키다
feeling 느낌, 기분
emotion 감정
deliver 배달하다, 전하다
viewer 보는 사람, 관찰자

해석 한눈에 보기

¹ 당신이 옵아트 그림을 볼 때, 당신은 그것이 움직이기 때문에 놀랄 것이다. ² 그것은 마술인가? ³ 그것은 정말로 움직이는가? ⁴ 물론 아니다. ⁵ 그것은 마술이 아니고 그것들은 실제로 움직이지 않는다. ⁶ 그것들은 착시 때문에 움직이는 것처럼 보인다. ⁷ 옵아트 그림들은 시각적 효과를 만들기 위해 많은 모양과 무늬, 그리고 선명한 색을 사용한다. ⁸ 움직임의 착각은 이러한 모양과 무늬, 그리고 색에서 나온다. ⁹ 그러니 너무 오랫동안 그것을 보지 마라, 그렇지 않으면 당신은 어지러움을 느낄 것이다!

¹⁰ 옵아트는 단지 모양과 무늬를 사용하기 때문에, 그것은 다른 종류의 그림들과 다르다. ¹¹ 대부분의 그림들은 사물이나 풍경 같은 대상을 갖는다. ¹² 그리고 그것들은 보통 사람의 느낌과 감정을 불러일으킨다. ¹³ 그런데 옵아트는 대상이 없거나 감정을 전달하지 않는다. ¹⁴ 옵아트에는 오직 모양과 무늬만이 있고, 그것은 단지 보는 사람에게 착시를 줄 뿐이다.

필수 구문 확인하기

⁹ So, **don't look at them for too long, or** you will feel dizzy!

▶ 「명령문, or~」는 '…해라, 그렇지 않으면 ~할 것이다'라는 뜻이다.

¹³ However, op art **doesn't have** a subject **or** (doesn't) **deliver** emotions.

▶ 두 개의 동사구가 or로 대등하게 연결되었으며 '또는'이라는 뜻이다. deliver 앞에 doesn't가 생략되었다.

---

03 [역사 | 산업 사회와 국민 국가의 형성] 하루 근무 시간   본문 p.74~77

교육부 지정 중학 필수 어휘
1 standard 2 follow 3 doubled 4 run 5 without 6 pay

START READING!
1 ② 2 (1) T (2) F (3) T

KEEP READING!
1 (1) ② (2) ③ (3) ① (4) ② (5) ③ 2 ③ 3 (a) 4 followed

KEEP READING! 해설

1 (5) 예전에는 하루에 10시간 이상 일하는 것이 흔한 일이었지만, 로버트 오언이 시작한 캠페인으로 인해 표준 노동 시간이 8시간이 되었다는 내용이므로 정답은 ③이다.

2 포드 자동차는 표준 근무 시간을 8시간으로 줄였지만 동시에 노동자들의 임금을 두 배로 해주었다(They cut ~ at the same time.)고 했으므로 글의 내용과 일치하지 않는 것은 ③이다.

3 본문의 pay는 '급료, 임금'이라는 뜻이다. 따라서 정답은 (a)이다.
  (a) 그는 자신의 임금에 대해 별로 만족하지 않는다.
  (b) 우리 아빠는 음식값을 지불하기 위해 계산서를 가져가셨다.

4 (1) 많은 아이들이 퍼레이드를 (A) 뒤따라갔다. 그들은 축제를 즐기고 있었다.
  (2) 과학자가 컴퓨터에 명령을 입력하자 로봇이 그것들을 (B) 따랐다.
  첫 번째 문장의 (A)는 '따라가다'라는 말이 들어가고, 두 번째 문장의 (B)는 '(규칙·충고 따위를) 따르다'라는 말이 들어가야 적절하므로 정답은 followed(따라오다, 따라가다; (규칙·충고 따위를) 따르다)이다.

끊어서 읽기

18세기 후반에   주인들은 더 많은 것을 원했다 / 그들의 공장으로부터.
¹ In the late 18th century, / owners wanted more / from their

그래서 그들은 공장을 돌아가게 했다 / 멈추는 것 없이. 이것은
factories. ² So, they ran their factories / without stopping. ³ This
                                              -ing (~ 하는 것)

의미한다 // 사람들은 더 많이 일해야 했다는 것. 사실 / 하루에 10시간에서 16시간을 일하는 것은
means // people had to work more. ⁴ In fact, / working 10 to 16
        that

         그때는 매우 흔했다.   물론 / 노동자들은
hours a day / was very common back then. ⁵ Of course, / workers

어휘 확인하기

century 세기, 100년
owner 주인, 소유자
run 달리다, 뛰다; (기계 등을) 움직이다, 돌리다
without ~ 없이, ~ 없는
mean ~을 의미하다
in fact 사실은
common 흔한

그것에 대해 기뻐하지 않았다.　그런데 용감한 한 사람, 로버트 오언이　/

were not happy about it. ⁶ However, a brave man, Robert Owen, /

캠페인을 시작하기로 결심했다.　그는 원했다　/ 노동자들의 삶을 더 낫고 건강하게 만들기를.

decided to start a campaign. ⁷ He wanted / to make workers' lives
　　　　　　to+동사원형 〈~하는 것을〉　　　　　　　to+동사원형 〈~하는 것을〉

　　그는 말했다　//　"사람들은 일해야 한다　/

better and healthier. ⁸ He said, // "People should work / no more

하루에 8시간보다 많지 않게.　하루는 8시간의 노동이어야 한다　/

than 8 hours a day. ⁹ A day should be eight hours work, / eight

8시간의 휴양, 8시간의 휴식."

hours recreation, eight hours rest."

　그 계획은 성공했다　//　포드 자동차 회사가 시작했을 때　/

¹⁰ The plan worked // when the Ford Motor Company started / to

하루 8시간 근무를 하는 것을.　그들은 표준의 노동 시간을 8시간으로 줄였다

use the 8-hour workday. ¹¹ They cut standard work hours to eight
to+동사원형 〈~하는 것을〉

/ 그러나 또한 그들의 노동자들의 임금은 두 배로 만들었다 /　동시에.

hours, / but also doubled their workers' pay / at the same time.

그것은 충격이었다　/　많은 회사들과 공장들에게　//

¹² It was a shock / to many companies and factories, // but soon

그러나 곧 그들은 이 예를 따랐다.　2004년에 한국도 '8시간의 근무 시간'을 도입했다.

they followed this example. ¹³ In 2004, Korea introduced "8 working

hours," too.

---

of course 물론

however 그러나

campaign (사회·정치적) 운동, 캠페인

healthy 건강한

rest 휴식, 수면

motor 자동차

cut 줄이다

standard 표준, 기준; 표준의

double 두 배의; 두 배; 두 배가 되다, 두 배로 만들다

pay 지불하다; 급료, 임금

at the same time 동시에

shock 충격

soon 곧, 머지않아

follow 따라오다, 따라가다; 뒤이어 발생하다; (규칙·충고 따위를) 따르다

example 예, 보기

introduce 도입하다, (처음으로) 들여오다

해석 한눈에 보기

¹ 18세기 후반에, (공장의) 주인들은 자신의 공장으로부터 더 많은 것을 얻기를 원했다. ² 그래서 그들은 공장을 멈춤 없이 돌아가게 했다. ³ 이것은 사람들이 더 많이 일해야 했다는 것을 의미한다. ⁴ 사실 하루에 10시간에서 16시간을 일하는 것은 그 당시에는 매우 흔한 일이었다. ⁵ 물론 노동자들은 그것에 대해 기뻐하지 않았다. ⁶ 그런데 로버트 오언이라는 한 용감한 사람이 캠페인을 시작하기로 결심했다. ⁷ 그는 노동자들의 삶을 더 낫고 건강하게 만들기를 원했다. ⁸ 그는 말했다. "사람들은 하루 8시간 이상 일을 해서는 안 된다. ⁹ 하루는 8시간의 노동, 8시간의 휴양, 8시간의 휴식이어야 한다."
¹⁰ 그 계획은 포드 자동차 회사가 하루 8시간 근무를 하는 것을 시작했을 때 성공했다. ¹¹ 그들은 표준의 근무 시간을 8시간으로 줄였지만, 동시에 그들의 노동자들의 임금은 두 배로 만들었다. ¹² 그것은 많은 회사들과 공장들에게 충격이었지만, 곧 그들은 이 예를 따랐다. ¹³ 2004년에 한국도 '8시간의 근무 시간'을 도입했다.

필수 구문 확인하기

³ This means (that) people had to work more.
　▶ 명사절을 이끄는 접속사 that이 생략되었으며, people ~ more는 means의 목적어이다.

⁴ In fact, **working** 10 to 16 hours a day was very common back then.
　　　　　　＿＿＿＿＿＿＿＿＿＿＿＿＿＿＿＿　＿＿＿
　　　　　　　　　　　S　　　　　　　　　　V
　▶ 동명사구(working ~ a day)가 주어인 구조이다. 동명사구가 주어일 때는 단수 취급하므로 단수동사 was가 쓰였다.

⁷ He wanted to make workers' lives better and healthier.
　　　　　　　　＿＿＿＿　＿＿＿＿＿＿＿＿　＿＿＿＿＿＿＿＿＿＿＿
　　　　　　　　　V'　　　　　O'　　　　　　　　C'
　▶ 「make+목적어+형용사」의 구조로 '~을 …하게 하다'의 의미이다.

교육부 지정 중학 필수 어휘
1 billion **2** cases **3** fat **4** ever **5** prepare **6** lead

START READING!

1 ① **2** the second largest religion

KEEP READING!

1 (1) ③ (2) ① (3) ③ (4) ① **2** ③ **3** ② **4** cases

KEEP READING! 해설

1 (4) 무슬림들이 먹는 할랄 푸드를 소개하는 글이며 이슬람 율법이 정한 할랄 푸드의 규정들에 대한 내용이므로 정답은 ①이다.

2 무슬림들은 케이크, 비스킷, 그리고 아이스크림과 같은 음식은 동물성 지방을 포함하고 있기 때문에 피해야 한다(Other than ~ animal fat.)고 했으므로 글의 내용과 일치하지 않는 것은 ③이다.

3 할랄 푸드가 처음 시작된 곳은 언급되지 않았으며, 왜 무슬림이 동물을 죽일 수 없는지도 설명되지 않고 있다. 무슬림이 할랄 푸드 외에 다른 음식을 먹을 수 있는 정당한 경우에 대한 언급은 있지만 할랄 푸드를 거부할 정당한 이유에 대해서는 언급되지 않았다. 할랄 푸드 는 동물이 무슬림에 의해 도살되어야 하고 잔혹하게 도살되지 말아야 한다는 조건을 설명하고 있으므로 정답은 ②이다.

4 (1) 보석을 위한 다양한 모양의 (A) 상자들이 많다.
(2) 어떤 (B) 경우에는 너는 집에 빨리 가도 된다.
첫 번째 문장의 (A)는 '용기, 통, 상자'라는 말이 들어가고, 두 번째 문장의 (B)는 '(특정한 상황의) 경우'라는 말이 들어가야 적절하므로 정답은 case((특정한 상황의) 경우; 용기, 통, 상자)이다.

끊어서 읽기

¹ Halal food is now becoming / more important and famous / than
(할랄 푸드는 지금 되고 있다 / 더 중요하고 유명하게 /)

ever before. ² Today, / more markets and restaurants offer halal food
(그 어느 때보다도. 요즘 / 더 많은 시장과 레스토랑들이 할랄 푸드를 제공한다)

/ for the world's 16 billion Muslims. ³ They hope // that it will lead
(/ 세계의 160억 무슬림들을 위해. 그들은 바란다 // 그것이 그들을 (~인 것을))

them to success // because Muslims can only eat halal food.
(성공으로 이끌기를 // 무슬림들은 오직 할랄 푸드만 먹을 수 있기 때문에.)

⁴ According to Islamic law, / there are special rules for halal food.
(이슬람 율법에 따르면 / 할랄 푸드에는 특별한 규칙들이 있다.)

⁵ For example, / Muslimes can't eat pork. ⁶ They also have to prepare
(예를 들어 / 무슬림들은 돼지고기를 먹을 수 없다. 그들은 또한 고기를 준비해야 한다)

meat / in a special way. ⁷ First, only Muslims can kill the animals.
(/ 특별한 방법으로. 먼저, 오직 무슬림만이 동물을 죽일 수 있다.)

⁸ Second, the killing must not be cruel. ⁹ Other than meat, /
(둘째, 도살은 잔인해서는 안 된다. 고기 외에 /)

Muslims should also avoid cakes, biscuits, and ice cream //
(무슬림들은 케이크, 비스킷, 그리고 아이스크림도 피해야 한다 //)

because such things include animal fat. ¹⁰ However, in Islamic law, /
(그러한 것들은 동물성 지방을 포함하기 때문에. 그런데 이슬람 율법에는 /)

어휘 확인하기

ever 늘, 항상; 언젠가, 앞으로; 이 제까지, 지금까지《비교급·최상급 뒤에서 그 말을 강조할 때》

market 시장

offer 제공하다

billion 10억

lead 인도하다, 이끌다; ~을 앞서다

success 성공

according to ~에 따르면

rule 규칙, 규정

pork 돼지고기

prepare 준비하다, 준비시키다

special 특별한

killing 도살

cruel 잔혹한, 잔인한

other than ~ 외에

avoid 피하다

biscuit 비스킷

such 이와 같은, 그러한

include 포함하다

fat 살찐, 뚱뚱한; 지방, 비계

however 그러나

몇 가지 특별한 경우가 있다.   만약 할랄 푸드가 없다면   //   그리고 무슬림이

there are a few special cases. ¹¹ If there is no halal food // and a Muslim is

굶어 죽어가고 있다면   //   그때 무슬림은 살기 위해 할랄 푸드가 아닌 것을 먹을 수도 있다.

starving to death, // then a Muslim may have non-halal food to live.

to+동사원형 〈~하기 위해〉

case (특정한 상황의) 경우; 용기, 통, 상자

해석 한눈에 보기

¹ 할랄 푸드는 지금 그 어느 때보다 더 중요하고 유명해지고 있다. ² 요즘 더 많은 시장과 레스토랑들이 세계의 16억 무슬림들을 위해 할랄 푸드를 제공한다. ³ 무슬림들은 오직 할랄 푸드만 먹을 수 있기 때문에 그것이 그들을 성공으로 이끌기를 바란다. ⁴ 이슬람 율법에 따르면 할랄 푸드에는 특별한 규칙들이 있다. ⁵ 예를 들어, 무슬림들은 돼지고기를 먹을 수 없다. ⁶ 그들은 또한 고기를 특별한 방법으로 준비해야 한다. ⁷ 먼저 오직 무슬림만이 동물을 죽일 수 있다. ⁸ 둘째로 그 도살은 잔인해서는 안 된다. ⁹ 고기 외에, 무슬림들은 케이크, 비스킷, 그리고 아이스크림도 피해야 하는데, 왜냐하면 그러한 것들은 동물성 지방을 포함하기 때문이다. ¹⁰ 그런데 이슬람 율법에는 몇 가지 특별한 경우가 있다. ¹¹ 만약 할랄 푸드가 없고 무슬림이 굶어 죽어간다면, 그때 무슬림은 살기 위해 할랄 푸드가 아닌 것을 먹을 수도 있다.

필수 구문 확인하기

³ They hope **that** it will **lead them to success** because Muslims can only eat halal food.

▶ that은 명사절을 이끄는 접속사로서 hope의 목적어에 해당하는 명사절(it ~ success)을 이끈다.

▶ 「lead A to B」는 'A를 B로 이끌다'라는 뜻이다.

Chapter 11

01 [사회 | 건조 기후] Death Valley

본문 p.84~87

교육부 지정 중학 필수 어휘
1 temperature **2** flood **3** record **4** sudden **5** rarely **6** happened

START READING!
1 they left, they said **2** (1) T (2) F (3) T

KEEP READING!
1 (1) ② (2) ① (3) ① (4) ② **2** ② **3** ② **4** record

KEEP READING! 해설

1 (4) 북아메리카에서 가장 덥고 건조한 곳인 데스밸리를 소개하는 글이다. 데스밸리의 기후 때문에 그곳에서는 식물이나 동물을 거의 볼 수 없으며 비가 올 때는 가끔 홍수가 일어난다는 내용이므로 정답은 ②이다.

2 데스밸리처럼 덥고 건조한 장소에서는 식물이나 동물을 거의 볼 수 없다(In such ~ or animals.)고 했으므로 정답은 ②이다.

3 ②는 날씨, 시각, 요일 등을 나타낼 때 쓰이는 비인칭 주어 it이며, 나머지는 모두 Death Valley를 가리킨다. 따라서 정답은 ②이다.

4 (1) 그 간호사는 나의 건강 카드에 키와 몸무게를 (A) 기록하기 시작했다.
(2) 그 스피드 스케이팅 선수는 자신의 (B) 기록을 깨고 새로 세웠다.
첫 번째 문장의 (A)는 '~을 기록하다'라는 말이 들어가고, 두 번째 문장의 (B)는 '기록'이라는 말이 들어가야 적절하므로 정답은 record(기록; ~을 기록하다)이다.

끊어서 읽기

데스밸리는 가장 덥고 건조한 장소이다 / 북아메리카에서.
1 Death Valley is the hottest and driest place / in North America. **2** It

그것은 심지어 가지고 있곤 했다 / 세계 기록을 / 가장 높은 기온으로.
even used to have / the world record / for the hottest temperature.

1914년의 어느 날에는 / 약 섭씨 57도였다. 이렇게 덥고 건조한 곳에서
3 On one day in 1914, / it was about 57°C. **4** In such a hot and dry

/ 데스밸리처럼 / 당신은 식물이나 동물을 거의 볼 수 없다.
place / as Death Valley, / you rarely see plants or animals. **5** The

그곳의 동물들은 / 때때로 열기 때문에 기절하기도 한다. 그곳은 또한
animals there / sometimes even faint from the heat. **6** It is also

가장 낮은 곳이다 / 미국에서. 그것은 약 86미터이다
the lowest place / in the United States. **7** It is about 86 meters

/ 해수면 아래로.
/ below sea level.

비가 올 때 // 돌발적인 홍수가 종종 발생한다. 돌발적인 홍수란 ~이다 /
8 When it rains, // flash floods often happen. **9** A flash flood is /

비가 온 후의 갑작스러운 홍수이다. 땅은 매우 건조하고 단단하다.
a sudden flood after a rain. **10** The ground is very dry and hard.

어휘 확인하기

even 심지어, ~조차도
used to ~하곤 했다
record 기록; ~을 기록하다
temperature 온도, 기온
such 이와 같은, 이러한
rarely 드물게, 좀처럼 ~하지 않는
sea level 해수면
flash 돌발적인
flood 홍수
happen (일·사건 등이) 일어나다, 발생하다
sudden 갑작스러운, 불시의
cause ~을 초래하다
sign 징후, 조짐
get to A A에 도착하다, 닿다
possible 가능한

11 So, the rain can't go into the ground easily. **12** This causes a flood.

13 If you see any signs of a flash flood, // get to higher ground /

as fast as possible.

해석 한눈에 보기

1 데스밸리는 북아메리카에서 가장 덥고 건조한 장소이다. **2** 그것은 심지어 가장 높은 기온으로 세계 기록을 가지고 있곤 했다. **3** 1914년의 어느 날에는 기온이 약 섭씨 57도였다. **4** 데스밸리처럼 이렇게 덥고 건조한 곳에서 당신은 식물이나 동물을 거의 볼 수 없다. **5** 그곳의 동물들은 때로 열기 때문에 기절하기도 한다. **6** 그것은 또한 미국에서 가장 낮은 장소이다. **7** 그것은 해수면 아래 약 86미터이다. **8** 비가 올 때, 돌발적인 홍수가 종종 발생한다. **9** 돌발적인 홍수란 비가 온 후에 갑자기 발생하는 홍수이다. **10** 땅은 매우 건조하고 단단하다. **11** 그래서 비는 땅속으로 쉽게 스며들 수 없다. **12** 이것이 홍수를 초래한다. **13** 만약 당신이 돌발적인 홍수의 어떤 징후라도 본다면, 가능한 한 빨리 더 높은 땅으로 가라.

필수 구문 확인하기

2 It even **used to have** the world record for the hottest temperature.

▸ 「used to+동사원형」은 '(과거에) ~하곤 했다'의 의미이다.

4 In such a hot and dry place as Death Valley, you **rarely** see plants or animals.

▸ rarely는 '드물게, 거의 ~하지 않는'이라는 뜻으로 부정의 의미에 가깝다.

13 If you see any signs of a flash flood, get to higher ground **as *fast* as possible.**

▸ 「as+부사[형용사]+as possible」은 '가능한 한 ~ 하게[한]'의 의미이다.

---

02 [수학 | 확률] 확률론의 시초, 지롤라모 카르다노 본문 p.88~91

교육부 지정 중학 필수 어휘
1 chance 2 hit 3 diseases 4 gambled 5 medicine

START READING!
1 (1) T (2) T (3) T **2** because he was mean

KEEP READING!
1 (1) ② (2) ① (3) ② (4) ③ (5) ③ **2** ④ **3** medicine **4** 그는 매우 열심히 일해서 많은 돈을 벌었다

KEEP READING! 해설

1 (5) 확률론 연구의 시초가 된 저서를 집필한 이탈리아의 수학자 지롤라모 카르다노에 대한 글이다. 어린 시절 형제들이 병으로 죽은 후 어머니의 보살핌을 제대로 받지 못했고, 아버지에게 수학을 배웠고 똑똑했으나, 결국 도박에 빠져 돈과 명성을 모두 잃었다는 내용이므로 정답은 ③이다.

2 카르다노가 태어난 도시는 언급되지 않았으며, 카르다노 아버지의 직업에 대한 설명도 나와 있지 않다. 사람들이 자신을 속였다고 생각했을 때 칼로 그들의 얼굴을 그었다는 내용은 있지만, 사람들이 그를 속인 이유에 대한 언급은 없다. 카르다노는 도박에서 이길 확률을 이해했기 때문에 도박에서 지기보다는 더 자주 이겼다고 했으므로 정답은 ④이다.

3 (1) 너는 감기 때문에 (A) 약을 먹어야 한다. 좀 나아질 것이다.

(2) 그 여자아이는 (B) 의학을 공부하고 싶어 한다. 그녀의 꿈은 의사가 되는 것이다.

첫 번째 문장의 (A)는 '약, 내복약'이라는 말이 들어가고, 두 번째 문장의 (B)는 '의학, 의술'이라는 말이 들어가야 적절하므로 정답은 medicine(약, 내복약; 의학, 의술)이다.

4 make money는 '돈을 벌다'라는 뜻이다. 앞에는 그가 매우 열심히 일했다는 내용이며 뒤에 그 결과 '많은 돈을 벌었다'는 내용이 자연스럽게 이어진다. 따라서 정답은 '그는 매우 열심히 일해서 많은 돈을 벌었다'이다.

끊어서 읽기

지롤라모 카르다노의 아버지는 한 여자와 결혼했다 / 세 명의 아이가 있는.
¹ Girolamo Cardano's father married a woman / with three children.

카르다노가 태어나기 전에 // 흑사병이 밀라노를 강타했다. 그래서
² Before Cardano was born, // the plague hit Milan. ³ So, the mother

어머니는 다른 도시로 이사했다. 카르다노가 태어났다 // 그러나 어머니는 슬펐다
moved to another city. ⁴ Cardano was born, // but the mother was

// 다른 세 명의 아이들이 죽었기 때문에 / 병으로.
sad // because the other three children died / from the disease.

그 후 / 그의 어머니는 그를 돌보지 않았다 // 그리고 그는 자주 아팠다.
⁵ After that, / his mother didn't care for him, // and he was often

나중에 / 그는 아버지의 일을 도왔다. 그러나 그것은 카르다노에게
ill. ⁶ Later, / he helped his father with his work. ⁷ But it wasn't easy

쉽지 않았다 // 그래서 그의 아버지는 그에게 대신 수학을 가르쳤다. 얼마 안 있어 그는
for Cardano, // so his father taught him math instead. ⁸ Soon, he

얼마 안 있어 그는 의학을 공부하기로 결심했다 / 의사가 되기 위해.
decided to study medicine / to be a doctor.
　　　　　　　　　to+동사원형 〈~하는 것을〉　　to+동사원형 〈~하기 위해〉

카르다노는 똑똑한 학생이었다 / 그러나 또한 매우 무례했다. 많은 사람들이
⁹ Cardano was a clever student, / but also very rude. ¹⁰ Not many

그를 좋아하지 않았다. 그는 도박을 시작했다 / 그리고 돈을 벌었다. 그는
people liked him. ¹¹ He started to gamble / and made money. ¹² He
　　　　　　　　　　　　　　　　to+동사원형 〈~하는 것을〉

이겼다 / 그가 진 것보다 더 많이 // 그는 도박의 승산을 이해했기 때문에.
won / more than he lost // because he understood chance in

그런데 / 그는 또한 칼을 가지고 다녔다 / 그리고 다른 사람들의 얼굴을 그었다
gambling. ¹³ However, / he also carried a knife / and cut others'

// 그가 생각했을 때 // 그들이 그를 속인다고. 그는 도박을 멈출 수 없었다
faces // when he thought //ₜₕₐₜ they cheated him. ¹⁴ He couldn't stop

// 그리고 곧 그는 대부분의 돈을 잃었다 / 그리고 사람들의 존경도.
gambling, // and soon he lost most of his money / and people's
-ing 〈~하는 것을〉

respect, too.

어휘 확인하기

be born 태어나다
hit 때리다, 치다; (폭풍 등이 어떤 곳을) 덮치다, 엄습하다
disease 병, 질병
care for ~을 보살피다[돌보다]
ill 아픈, 병이 든
instead 대신에
soon 곧, 머지않아
medicine 약, 내복약; 의학, 의술
clever 영리한
rude 무례한, 버릇없는
gamble 도박을 하다, 노름을 하다
make money 돈을 벌다
chance 기회; 가능성, 승산, 확률
cheat 속이다
respect 존경, 경의

해석 한눈에 보기

¹ 지롤라모 카르다노의 아버지는 세 아이가 있는 한 여자와 결혼했다. ² 카르다노가 태어나기 전에 흑사병이 밀라노를 강타했다. ³ 그래서 어머니는 다른 도시로 이사했다. ⁴ 카르다노가 태어났지만 다른 세 아이가 병으로 죽었기 때문에 어머니는 슬퍼했다. ⁵ 그 후, 그의 어머니는 그를 돌보지 않았고, 그는 자주 아팠다. ⁶ 나중에 그는 아버지의 일을 도왔다. ⁷ 그러나 그것은 그에게 쉽지 않았고, 그래서 그의 아버지는 대신 그에게 수학을 가르쳤다. ⁸ 얼마 안 있어 그는 의사가 되기 위해 의학을 공부하기로 결심했다.

⁹ 카르다노는 똑똑한 학생이었지만 또한 매우 무례했다. ¹⁰ 많은 사람들이 그를 좋아하지 않았다. ¹¹ 그는 도박을 하기 시작했고 돈을 벌었다. ¹² 그는 도박의 확률을 이해했기 때문에 (도박에서) 지는 것보다 더 많이 이겼다. ¹³ 그런데 그는 또한 칼을 가지고 다녔고 사람들이 자신을 속인다고 생각했을 때 다른 사람들의 얼굴을 그었다. ¹⁴ 그는 도박을 멈출 수 없었고, 곧 그는 대부분의 돈과 사람들의 존경도 잃었다.

필수 구문 확인하기

8 Soon, he **decided to study** medicine **to be** a doctor.

▸ decide는 to부정사를 목적어로 취한다.

▸ to be는 '되기 위해'라는 뜻으로 부사적 용법으로 쓰인 to부정사이다.

---

03 [역사 | 그리스 문명] 아테네의 스승, 소크라테스 본문 p.92~95

교육부 지정 중학 필수 어휘

1 While **2** gain **3** realized **4** develop **5** questioned **6** justice

> **START READING!**

1 ④ **2** (1) T (2) F (3) F

> **KEEP READING!**

1 (1) ③ (2) ③ (3) ① (4) ① (5) ② **2** ④ **3** his students **4** develop

---

KEEP READING! 해설

1 (5) 소크라테스는 모든 것에 대해 질문을 하면서 제자들을 가르쳤고, 제자들이 스스로 깨닫기를 원했다는 내용이므로 정답은 ②이다.

2 소크라테스의 질문의 목표가 사람들을 돕는 것(The goal ~ help people.)이라는 언급은 있지만, 직접적으로 사람들을 도우라는 말을 제자들에게 한 것은 아니므로 정답은 ④이다.

3 밑줄 친 themselves가 포함된 문장은 소크라테스가 그의 학생들도 모든 것에 질문하고 그들이 스스로 생각하기를 원했다는 내용이다. 따라서 밑줄 친 themselves는 '그의 학생들(his students)'을 가리킨다.

4 '더 좋아지고 더 강해지는 것'을 의미하는 develop(발달시키다, 발전시키다)이 정답이다.

끊어서 읽기

_{많은 스승들이 있었다} / _{고대 아테네에.} _{소크라테스는}
1 There were many teachers / in ancient Athens. **2** Socrates was one

_{가장 유명한 스승 중 하나였다.} _{그는 그의 학생들을 가르쳤다} / _{질문을 함으로써.}
of the most famous. **3** He taught his students / by asking questions.
_{by+-ing (~함으로써)}

_{그는 모든 것에 대해 질문했다.} _{그는 학생들이 모든 것을 질문하기를 원했다}
4 He questioned everything. **5** He wanted his students to question

_{/ 역시 /} _{그리고 스스로 생각하기를.} _{그는 삶의 기초적인 질문을 했다}
everything / too / and think for themselves. **6** He asked basic

_{/ "정의란 무엇인가?"와 같은 /} _{또는 "진리란 무엇인가?"}
questions of life, / like "What is justice?" / or "What is truth?"

_{학생들이 대답했을 때 //} _{소크라테스는 질문을 더 추가했다.}
7 When the students answered, // Socrates added more questions.

_{그들이 그런 질문에 답하려고 노력하는 동안} _{// 그들은 깨달았다 //}
8 While they were trying to answer those questions, // they realized //

_{그들이 사항에 대해 거의 알지 못한다는 것을.} _{소크라테스는 그의 학생들에게 말했다 //}
that they knew little about things. **9** Socrates told his students, //
_(~인 것을)

어휘 확인하기

ancient 고대의, 먼 옛날의

question 질문; 문제; 질문하다, 묻다

basic 기초의, 근본적인

justice 정의

truth 진리

while ~하는 동안, ~하는 사이; ~인 데 반하여; (잠깐) 동안, 잠깐

realize ~을 깨닫다, ~을 실감하다

way 방법

gain ~을 얻다, 달성하다; (무게·속도 등을) 늘리다

knowledge 지식

goal 목적, 목표

develop 발달시키다, 발전시키다; (자원·토지를) 개발하다

self-knowledge 자기 인식

"너 자신을 알라."   그는 그들이 알기를 원했다   //   그들이 아무것도 알지 못한다는 것을.

"Know thyself." [10] He wanted them to see // <u>that</u> they knew nothing.
(~인 것을)

그는 (~라고) 생각했다   /   이런 방법으로   //   그들이 지식을 얻기 위해 노력할 것이라고.

[11] He thought <u>that</u>, / in this way, // they would try to gain knowledge.
(~인 것을)

소크라테스의 질문의 목표는   /   사람들을 돕는 것이었다.

[12] The goal of Socrates' questioning / was to help people. [13] He
to+동사원형 〈~하는 것〉

그는 그들이 자기 인식을 발달시키기를 원했다.   오늘날 사람들은 부른다 / his

wanted them to develop self-knowledge. [14] Today, people call / his

그의 가르침의 방식을   /   소크라테스식 문답법이라고.

way of teaching / the Socratic Method.

해석 한눈에 보기

[1] 고대 아테네에는 많은 스승들이 있었다. [2] 소크라테스는 가장 유명한 스승 중 한 명이었다. [3] 그는 자신의 학생들을 질문을 함으로써 가르쳤다. [4] 그는 모든 것에 대해 질문했다. [5] 그는 자신의 학생들도 역시 모든 것을 질문하고, 그들 스스로 생각하기를 원했다. [6] 그는 "정의란 무엇인가?" 또는 "진리란 무엇인가?"와 같은 삶에 대한 기초적인 질문을 했다. [7] 학생들이 대답했을 때, 소크라테스는 질문을 더 추가했다. [8] 그런 질문에 답하려고 노력하는 동안, 그들은 그들이 사항에 대해 거의 알지 못한다는 것을 깨달았다. [9] 소크라테스는 자신의 학생들에게 "너 자신을 알라."라고 말했다. [10] 그는 그들이 아무것도 알지 못한다는 것을 알기를 원했다. [11] 그는 이런 방법으로 그들이 지식을 얻기 위해 노력할 것이라고 생각했다. [12] 소크라테스의 질문의 목표는 사람들을 돕는 것이었다. [13] 그는 그들이 자기 인식을 발달시키기를 원했다. [14] 오늘날, 사람들은 그의 가르침의 방식을 소크라테스식 문답법이라고 부른다.

필수 구문 확인하기

[2] Socrates was **one of the most famous** (teachers).
 ▶ 「one of the+형용사의 최상급+복수명사」는 '가장 ~한 것들 중 하나'의 의미이다. famous 뒤에 앞 문장에서 언급된 teachers가 생략되었다.

[5] He **wanted his students to question** everything too **and** (to) **think** for themselves.
 ▶ 「want+목적어+to+동사원형」은 '~가 …하기를 원하다'라는 뜻이다.
 ▶ 두 개의 to부정사구(to question ~, to think ~)가 and로 대등하게 연결되어 있고, think 앞에 to가 생략되었다.

[12] The goal of Socrates' questioning was **to help** people.

      S   V   C
 ▶ to help는 주격 보어로 쓰인 명사적 용법의 to부정사로, '돕는 것'을 의미한다.

[14] Today, people **call** his way of teaching the Socratic Method.

           V   O   C
 ▶ 「call A B」는 'A를 B라고 부르다'의 의미이다.

---

04 [국어 | 생활을 돌아보다] 어디로 갔을까, 나의 한쪽은   본문 p.96~99

교육부 지정 중학 필수 어휘
1 sharp   **2** missing   **3** finally   **4** perfect   **5** rolled   **6** give up   **7** missed

START READING!

1 ①   **2** makes us realize

KEEP READING!

1 (1) ③   (2) ①   (3) ③   (4) ②   (5) ③   **2** ④   **3** ④   **4** give up

KEEP READING! 해설

1 (5) 없어진 자신의 한 조각을 찾아 길을 떠난 한 동그라미에 대한 내용이다. 그 동그라미는 자신의 없어진 조각을 찾으면 자신이 완전해지고 행복해질 것이라고 생각했다는 내용이므로 정답은 ③이다.

2 동그라미가 살고 있던 곳은 언급되지 않았으며, 조각이 왜 없어졌는지도 설명되지 않고 있다. 완전한 동그라미가 되었다고 했지만 그때까지 걸린 시간에 대해서는 언급되지 않았다. 동그라미가 자신에게 맞는 조각을 찾아서 완전해졌지만, 너무 빨리 구르게 되면서 벌레와 이야기를 할 수 없게 되자 행복하지 않았다고 했으므로 정답은 ④이다.

3 빈칸 앞부분에서 동그라미는 멈출 수 없었다는 내용이 나오고 빈칸을 포함한 문장에서는 벌레와 이야기를 하거나 꽃 냄새를 맡을 수 없었다(he couldn't talk ~ flowers)는 결과가 나오고 있다. 따라서 '그래서'라는 의미를 가진 ④가 정답이다.
① 마찬가지로   ② 예를 들면   ③ 대신에   ④ 그래서

4 '무언가를 하려고 노력하는 것을 멈추는 것'을 의미하는 give up(포기하다)이 정답이다.

끊어서 읽기

옛날 옛날에 / 동그라미가 하나 있었다. 그는 그리워하고 있었다 /
¹ Once upon a time, / there was a circle. ² He was missing / a piece

자신의 한 조각을.   그는 매우 슬펐다   /   그래서 그는 자신의 없어진 조각을
of himself. ³ He was very sad, / so he decided to find his
                              to+동사원형 (~하는 것을)

찾기로 결심했다.   그러나 그것은 결코 쉽지 않았다.   때로는 태양이 너무 뜨거웠다.
missing piece. ⁴ But it wasn't easy at all. ⁵ Sometimes, the sun was

때로는 차가운 비가 그의 위로 떨어졌다.   그러나 그는 포기하지 않았다.
too hot. ⁶ Sometimes, the cold rain fell on him. ⁷ But he didn't give

그는 완벽한 동그라미가 아니었기 때문에   //   그는 빠르게 구를 수가 없었다.
up. ⁸ Because he was not a perfect circle, // he couldn't roll fast.

그는 때때로 멈췄다   /   그리고 벌레와 이야기했다   /   또는 꽃 냄새를 맡았다.
⁹ He stopped sometimes / and talked with worms / or smelled the

어느 날   /   그는 길에서 한 조각을 발견했다   //   그러나 그것은
flowers. ¹⁰ One day, / he found one piece on the street, // but it

그의 것이 아니었다.   그는 슬펐다   //   그러나 그는 넘어갔다.   그는 또 다른 조각을 발견했다.
wasn't his. ¹¹ He was sad, // but he moved on. ¹² He found another

그러나 그것은 너무 작았다.   또 다른 것은 너무 컸다   //   그리고
piece. ¹³ But it was too small. ¹⁴ Another one was too big, // and

다른 것은 너무 날카로웠다.   마침내 그는 완벽한 조각을 찾았다.
another was too sharp. ¹⁵ Finally, he found the perfect piece. ¹⁶ He

그는 마침내 완전해졌다!   그리고 나서 그는 전보다 훨씬 빨리 굴렀다.
became whole at last! ¹⁷ He then rolled much faster than before.

그런데 그는 멈출 수가 없었다.   그래서 그는 벌레와 이야기를 할 수 없었다 /
¹⁸ However, he couldn't stop. ¹⁹ So, he couldn't talk with the worms /

또는 꽃 냄새를 맡을 수 없었다.   그는 완전했다   //   그러나 그는 행복하지 않았다.
or smell the flowers. ²⁰ He was complete, // but he wasn't happy.

그래서 그는 그의 조각을 내려놓고 떠났다.
²¹ So, he put down his piece and left.

어휘 확인하기

once upon a time 옛날 옛날에
miss 놓치다, 빗나가다; 그리워하다
missing 사라진, 빠진; 행방불명인
fall 떨어지다
give up 포기하다
perfect 완전한, 완벽한
roll 구르다, 굴리다; 두루마리
worm 벌레 《지렁이·거머리 등》
move on (새로운 일·주제로) 옮기다, 넘어가다
sharp 날카로운, 뾰족한
finally 드디어, 마침내
whole 완전한
at last 마침내, 드디어
however 그러나
complete 완전한

해석 한눈에 보기

¹ 옛날에 동그라미가 하나 있었다. ² 그는 자신의 한 조각을 그리워했다. ³ 그는 무척 슬퍼서 자신의 없어진 조각을 찾기로 결심했다. ⁴ 그러나 그것은 결코 쉽지 않았다. ⁵ 때로는 태양이 너무 뜨거웠다. ⁶ 때론 차가운 비가 그의 위로 떨어졌다. ⁷ 그러나 그는 포기하지 않았다. ⁸ 그는 완벽한 동그라미가 아니었기 때문에 빨리 구를 수가 없었다. ⁹ 그는 때때로 멈췄고 벌레와 이야기하거나 꽃 냄새를 맡았다. ¹⁰ 어느 날 그는 길에서 조각 하나를 발견했지만 그것은 그의 것이 아니었다. ¹¹ 그는 슬펐지만 넘어갔다. ¹² 그는 또 다른 조각을 발견했다. ¹³ 그러나 그것은 너무 작았다. ¹⁴ 다른 것은 너무 컸고, 또 다른 것은 너무 날카로웠다. ¹⁵ 마침내 그는 완벽한 조각을 찾았다. ¹⁶ 그는 마침내 완전해졌다! ¹⁷ 그리고 나서 그는 전보다 훨씬 빨리 굴렀다. ¹⁸ 그런데 그는 멈출 수가 없었다. ¹⁹ 그래서 그는 벌레와 이야기하거나 꽃 냄새를 맡을 수 없었다. ²⁰ 그는 완전했지만 행복하지 않았다. ²¹ 그래서 그는 그의 조각을 내려놓고 떠났다.

필수 구문 확인하기

¹⁷He then rolled much faster than before.

▶ much는 비교급을 강조하는 부사로 '훨씬'이라는 의미이다. a lot, still, even, far 등으로 바꿔 쓸 수 있다.

Chapter 12

본문 p.102~105

01 [사회 | 극한 지역에서의 생활] 마리나 시우바

교육부 지정 중학 필수 어휘
1 interested 2 turned 3 rubber 4 improve 5 active

START READING!

1 ② 2 (1) F (2) T (3) T

KEEP READING!

1 (1) ③ (2) ① (3) ③ (4) ① (5) ② 2 ② 3 improve 4 나는 내 영어 글쓰기를 향상시키는 데 관심이 있다

KEEP READING! 해설

1 (5) 환경운동가인 마리나 시우바를 소개하는 글이다. 마리나 시우바는 아마존에서 태어나 어린 시절을 보낸 후 환경을 보호하는 것에 관심을 가지면서 브라질을 위해 일하기 시작했다는 내용이므로 정답은 ②이다.

2 마리나 시우바는 대학에서 과학이 아니라 역사를 공부했다(She ~ in college.)고 했으므로 정답은 ②이다.

3 '무언가를 더 좋게 만드는 것'을 의미하는 improve(개선하다, 향상시키다)가 정답이다.

4 「be interested in+(동)명사」는 '~에 관심이 있다'라는 의미이다. 뒤에 improving은 동사 improve의 동명사 형태이며, '개선하다, 향상시키다'의 뜻이므로 '나는 내 영어 글쓰기를 향상시키는 데 관심이 있다'로 해석한다.

끊어서 읽기

마리나 시우바는 가난한 가정에서 태어났다 / 아마존 숲에 있는 브라질의 아크리 주에서.
¹ Marina Silva was from a poor family / in Acre, Brazil, in the

그녀가 어렸을 때 // 그녀는 일해야 했다 /
Amazon forest. ² When she was young, // she had to work / with

부모님과 열한 명의 형제자매와 함께. 그녀의 일은 ~였다 /
her parents and eleven brothers and sisters. ³ Her work was / to get
　　　　　　　　　　　　　　　　　　　　　　　to+동사원형 〈~하는 것〉

고무나무에서 고무를 얻는 것. 그녀는 학교에 가지 않았다. 그녀는
rubber from rubber trees. ⁴ She didn't go to school. ⁵ She couldn't

읽고 쓸 수 없었다. 그러나 그녀가 열여섯 살이 되었을 때 // 그녀는 공부하기를 원했다.
read or write. ⁶ But when she turned 16 years old, // she wanted to

그녀는 리우브랑쿠로 이사했다 그녀는 알파벳 글자를 배웠다
learn. ⁷ She moved to Rio Branco. ⁸ She learned the letters of the
to+동사원형 〈~하는 것을〉

/ 그리고 거기에서 학교에 갔다. 그녀는 대학에서 역사를 공부했다.
alphabet / and went to school there. ⁹ She studied history in

하지만 그녀는 더 관심이 있었다 / 환경을 보호하는 것에.
college. ¹⁰ However, she was more interested / in protecting the

그래서 그녀는 환경운동가가 되었다. 그리고 나서
environment. ¹¹ So, she became an environmentalist. ¹² Then she

그녀는 정치가가 되기로 결심했다 / 자신의 나라를 위해 일하기 위해서.
decided to be a politician / to work for her country. ¹³ As an active
to+동사원형 〈~하는 것을〉 to+동사원형 〈~하기 위해〉

어휘 확인하기

rubber 고무
turn 돌다, 돌리다; (어떤 나이·시기가) 되다
letter 글자, 문자
alphabet 알파벳
however 그러나
interested 흥미를 가진, 관심 있어 하는
protect 보호하다, 지키다
environment 환경
then 그다음에, 그리고 나서
as ~로서
active 활동적인, 활발한; 활동 중인, 진행 중인
improve 개선하다, 향상시키다

활동 중인 정치가이자 환경운동가로서 / 그녀는 여러 훌륭한 일들을 했다

politician and environmentalist, / she did some great things / to

아마존 숲을 구하기 위해서 / 그리고 사람들의 삶을 개선하기 위해서 /

save the Amazon forest / and improve the lives of people / in poor

to+동사원형 〈~하기 위해〉

아마존의 가난한 마을의. 그녀는 열심히 일했다 / 브라질을 더 좋은 곳으로 만들기 위해

towns in the Amazon. ¹⁴ She worked hard / to make Brazil a better

to+동사원형 〈~하기 위해〉

/ 그곳의 사람들을 위해.

place / for its people.

해석 한눈에 보기

¹ 마리나 시우바는 아마존 숲에 있는 브라질의 아크리 주의 한 가난한 가정에서 태어났다. ² 그녀가 어렸을 때 그녀는 부모님과 열한 명의 형제자매와 함께 일해야 했다. ³ 그녀의 일은 고무나무에서 고무를 얻는 것이었다. ⁴ 그녀는 학교에 다니지 않았다. ⁵ 그녀는 읽거나 쓸 줄 몰랐다. ⁶ 그러나 그녀가 열여섯 살이 되었을 때, 그녀는 공부하고 싶었다. ⁷ 그녀는 리우브랑쿠로 이사했다. ⁸ 그녀는 알파벳 글자를 배웠고 거기에서 학교를 다녔다. ⁹ 그녀는 대학에서 역사를 공부했다. ¹⁰ 하지만 그녀는 환경을 보호하는 것에 더 관심이 있었다. ¹¹ 그래서 그녀는 환경운동가가 되었다. ¹² 그리고 나서 그녀는 나라를 위해 일하기 위해 정치가가 되기로 결심했다. ¹³ 활동하는 정치가이자 환경운동가로서 그녀는 아마존 숲을 살리고 아마존의 가난한 마을의 사람들의 삶을 개선하기 위해 여러 훌륭한 일들을 했다. ¹⁴ 그녀는 그곳의 사람들을 위해 브라질을 더 나은 곳으로 만들기 위해 열심히 일했다.

필수 구문 확인하기

³ Her work was **to get rubber from rubber trees**.
  S   V   C

▶ to get ~ trees는 문장의 보어로 쓰인 to부정사구이다.

¹⁰ However, she **was** more **interested in** protecting the environment.

▶ 「be interested in+(동)명사」는 '~에 관심이 있다'라는 뜻이다.

¹³ ~, she did some great things **to save** the Amazon forest **and** (to) **improve** the lives of people in poor towns in the Amazon.

▶ to save와 (to) improve는 and로 연결되어 있고, '~하기 위해'라는 뜻의 부사적 용법으로 쓰인 to부정사이다.

---

02 [과학 | 과학이란] 얼굴을 알아보는 자판기   본문 p.106~109

교육부 지정 중학 필수 어휘

1 fooled 2 information 3 ability 4 machine 5 drink 6 accepted

START READING!

1 ④ 2 people call this machine special

KEEP READING!

1 (1) ③ (2) ② (3) ③ (4) ③ 2 날씨 3 ② 4 fool

KEEP READING! 해설

1 (4) 일본에 있는 새로운 유형의 자판기를 소개하는 글이다. 그 기계는 특별한 기술로 주문하는 사람에게 알맞은 음료를 제안하는 능력이 있다는 내용이므로 정답은 ③이다.

2 일본의 한 자판기는 이용자의 얼굴에서 얻은 자료를 토대로 음료를 제안하고(Then with ~ for you.) 날씨와 같은 다른 정보도 이용한다(Also, it ~ to choose drinks.)고 했으므로 빈칸에 알맞은 정답은 '날씨'이다.

3 이 자판기가 가진 특별한 능력에 관한 내용은 있지만, 처음 등장한 시기, 만든 사람의 이름, 판매하는 음료의 가격에 관한 언급은 없으므로 정답은 ②이다.

4 (1) 그가 그 나쁜 남자를 믿다니 (A) 바보 같아.
　(2) 그녀가 너무 영리하기 때문에 우리는 그녀를 (B) 속일 수 없다.
　첫 번째 문장의 (A)는 '바보'라는 말이 들어가고, 두 번째 문장의 (B)는 '속이다'라는 말이 들어가야 적절하므로 정답은 fool(바보; 속이다, 기만하다)이다.

끊어서 읽기

새로운 종류의 자판기가 있다 / 일본에.
¹ There is a new type of vending machine / in Japan. ² This vending

이 자판기는 특별한 능력이 있다. 그것은 당신을 위한 음료를 제안한다. 상상할 수
machine has a special ability. ³ It suggests a drink for you. ⁴ Can you

있는가? 그것은 마술처럼 보일 수 있다 // 그러나 아니다. 그 기계는
imagine? ⁵ It might seem like magic, // but it's not. ⁶ The machine

그 기계는 특별한 기술을 갖고 있다 // 그리고 그것은 당신에 대해 안다.
has special technology, // and it knows about you.

당신이 기계 앞에 서 있을 때 // 안에 있는 특별한 카메라가
⁷ When you stand in front of the machine, // a special camera

/ 당신의 얼굴을 본다. 그리고 나서 카메라는 알아맞힌다 / 당신의 나이와
inside / looks at your face. ⁸ The camera then guesses / your age

성별을. 그리고 나서 당신 얼굴에서 나온 자료로 그것은 음료를 제안한다
and gender. ⁹ Then with the data from your face, / it suggests a

/ 오직 당신을 위한. 만약 당신이 너무 어려서 술을 마실 수 없다면 /
drink / only for you. ¹⁰ If you are too young to drink / and

그리고 맥주를 주문한다면 // 그 기계는 당신의 주문을 받아들이지 않을 것이다.
order a beer, // the machine will not accept your order. ¹¹ You can

당신은 이 기계를 속이려 할 수 있다 // 그러나 당신의 얼굴은 거짓말을 할 수 없다.
try to fool this machine, // but your face can't lie.

또한 그것은 다른 정보를 이용한다 / 날씨와 같은 / 음료를 선택하기 위해.
¹² Also, it uses other information / such as the weather / to choose
　　　　　　　　　　　　　　　　　　　　　　　　　　　　　to+동사원형 〈~하기 위해〉

예를 들어, 날씨가 덥다면 // 그것은 당신에게 차가운 레모네이드를 보여 줄 것이다.
drinks. ¹³ For example, if it is hot, // it will show you a cold

추운 겨울 아침에는 / 그 기계는 따뜻한 커피를 제안할 것이다.
lemonade. ¹⁴ On a cold winter morning, / the machine will suggest

a hot coffee.

어휘 확인하기

type 유형, 종류
vending machine 자동판매기, 자판기
special 특별한
ability 능력; (타고난) 재능, 재주
suggest 제안하다
drink (음료를) 마시다; 술을 마시다; 음료, 마실 것
imagine 상상하다
machine 기계
technology (과학) 기술
guess 알아맞히다
gender 성, 성별
data 자료, 정보
beer 맥주
accept (선물, 제안 등을) 받아들이다
fool 바보; 속이다, 기만하다
information 정보
lemonade 레모네이드
coffee 커피

해석 한눈에 보기

¹ 일본에 새로운 종류의 자판기가 있다. ² 이 자판기는 특별한 능력이 있다. ³ 그것은 당신을 위한 음료를 제안한다. ⁴ 상상할 수 있겠는가? ⁵ 그것은 마술처럼 보일 수 있지만, 아니다. ⁶ 그 기계는 특별한 기술을 갖고 있고, 그것은 당신에 대해 안다.
⁷ 당신이 기계 앞에 서 있을 때, 안에 있는 특별한 카메라가 당신의 얼굴을 본다. ⁸ 그리고 나서 카메라는 당신의 나이와 성별을 알아맞힌다. ⁹ 그런 다음 당신 얼굴에서 얻은 자료로 그것은 당신만을 위한 음료를 제안한다. ¹⁰ 만약 당신이 너무 어려서 술을 마실 수 없는데 맥주를 주문한다면, 그 기계는 당신의 주문을 받아들이지 않을 것이다. ¹¹ 당신은 이 기계를 속이려고 할 수 있지만 당신의 얼굴은 거짓말을 할 수 없다.
¹² 또한 그것은 음료를 선택하기 위해 날씨와 같은 다른 정보를 이용한다. ¹³ 예를 들어 만약 날씨가 덥다면, 그것은 당신에게 차가운 레모네이드를 보여 줄 것이다. ¹⁴ 추운 겨울 아침에는 그 기계는 따뜻한 커피를 제안할 것이다.

10 If you are **too** *young* **to** *drink* and order a beer, the machine will not accept your order.

▶ 「too+형용사+to+동사원형」은 '너무 …해서 ~할 수 없는'의 의미이다.

13 For example, **if** it **is** hot, it will show you a cold lemonade.

▶ 시간이나 조건을 나타내는 부사절에서는 현재 시제를 써서 미래를 나타내기 때문에, will be가 아닌 is가 쓰였다.

---

03 [수학 | 도형의 닮음] 피자 조각의 닮음

본문 p.110~113

교육부 지정 중학 필수 어휘
1 compared **2** angles **3** slices **4** medium **5** figure **6** Similar

START READING!
1 ② **2** can be similar

KEEP READING!
1 (1) ① (2) ② (3) ② (4) ③ **2** ③ **3** medium **4** (a) **5** 내 친구와 나는 공통적으로 많은 것을 가지고 있다[공통점이 많다]

KEEP READING! 해설

1 (4) 10인치 피자 조각과 12인치 피자 조각을 비교하는 글이다. 크기가 다르지만 닮은 도형일 때는 변하지 않는 비율을 가지고 있으며, 각 피자 조각은 같은 중심각을 가지고 있다는 내용이므로 정답은 ③이다.

2 10인치 피자의 무게는 언급되지 않았으며, 피자를 8조각으로 자르는 이유에 관해서도 설명하지 않았다. 피자 한 조각의 중심각은 45°이 며 이것은 원의 각을 조각의 개수로 나누면 구할 수 있다고 언급되었지만, 원의 각도가 얼마인지는 언급되지 않았다. 작은 피자(10인치 피자)와 중간 피자(12인치 피자)의 반지름은 각각 5인치, 6인치라고 했으므로 정답은 ③이다.

3 '작은 크기와 큰 크기의 사이'라는 의미를 가진 medium(중간(정도)의, 보통의)이 정답이다.

4 본문의 slices는 '얇게 썬 조각'이라는 뜻이다. 따라서 정답은 (a)이다.
(a) 그는 토마토를 얇게 썬 조각으로 자른다.
(b) 그는 칼을 잡고 샌드위치에 넣을 치즈를 얇게 썬다.

5 「have ~ in common」은 '공통적으로 ~을 가지다[지니다]'라는 의미이다. have 뒤에 many things가 나오므로 '내 친구와 나는 공통적으로 많은 것을 가지고 있다[공통점이 많다]'로 해석한다.

끊어서 읽기

10인치의 작은 피자를 잘라라 / 그리고 12인치의 중간 피자를 / 여덟 조각으로.
1 Cut a 10-inch small pizza / and a 12-inch medium pizza / into 8

여덟 조각의 크기는 / 한 피자에서 나온 / 같아야 한다.
slices. **2** The sizes of the 8 slices / from one pizza / have to be the

이제 작은 피자의 한 조각을 비교해라 / 중간 피자의 한 조각과.
same. **3** Now, compare a slice of the small pizza / with a slice of

어느 것이 더 큰가? 물론 /
the medium pizza. **4** Which one is bigger? **5** Of course, / the slice

중간 피자의 조각이 / 더 크다. 그것들의 크기는 다르다 //
from the medium pizza / is larger. **6** Their sizes are different, // but

어휘 확인하기

cut A into B A를 B로 자르다
inch 인치 《길이의 단위》
medium 중간(정도)의, 보통의
slice 얇게 썬 조각, 한 조각; 얇게 썰다
compare (둘을) 비교하다, 견주다
which 어느
of course 물론
have A in common 공통적으로 A를 가지다[지니다]
shape 모양, 형태

그러나 그것들은 공통점이 있다.　　　　　　　그것들은 같은 모양이다.
they have something in common. **7** They are the same shape.

물체가 같은 모양을 가지고 있을 때　　　/　　　그러나 다른 크기를　　//
8 When objects have the same shape, / but different sizes, // we

우리는 그것들을 닮았다고 부른다.　　　　　닮은 도형은 변하지 않는 비율을 갖는다.
call them similar. **9** Similar figures have an unchanging ratio. **10** For

두 조각의　　　/　　비율은 5대 6이다　//　　왜냐하면 피자의 반지름이
the two slices, / the ratio is 5:6 // because the radiuses of the

　/　　5인치와 6인치이기 때문에.　　　　　그러므로 그 조각은 너에게 줄 것이다
pizzas / are 5 inches and 6 inches. **11** Therefore, the slices would

　/　　5대 6의 비율을.　　　　닮은 도형은 또한 같은 각도를 갖는다.
give you / the ratio of 5:6. **12** Similar figures also have the same

　　　　　당신이 두 피자를 모두 여덟 조각으로 잘랐기 때문에　　//　　당신은
angles. **13** Because you cut both pizzas into 8 slices, // you get the

45도의 중심각을 얻는다.　　왜 45도일까?　　　원의 각을 나누어라　　　/
central angle of 45°. **14** Why 45°? **15** Divide the angle of a circle / by

조각의 수로.
the number of slices.

---

object 물건, 사물, 물체
similar 비슷한, 유사한; (수학) (도형이) 닮은
figure (크기나 양을 나타내는) 값; 인물, 모습, 몸매; 형태, 도형
unchanging 변하지 않는, 항상 일정한
therefore 그러므로
angle 각도, 각
central 중심의, 중앙의
divide A by B A를 B로 나누다

해석 한눈에 보기

1 10인치의 작은 피자와 12인치의 중간 피자를 여덟 조각으로 잘라라. **2** 한 피자에서 나온 여덟 조각의 크기는 같아야 한다. **3** 이제 작은 피자의 조각과 중간 피자의 조각을 비교해라. **4** 어느 것이 더 큰가? **5** 물론 중간 피자의 조각이 더 크다. **6** 그것들의 크기는 다르지만 그것들은 공통점이 있다. **7** 그것들은 같은 모양이다.
8 사물이 같은 모양이지만 다른 크기일 때, 우리는 그것을 닮았다고 부른다. **9** 닮은 도형은 변하지 않는 비율을 갖는다. **10** 피자의 반지름이 5인치와 6인치이기 때문에 두 조각의 비율은 5대 6이다. **11** 그러므로 그 조각은 당신에게 5대 6의 비율을 줄 것이다. **12** 닮은 도형은 또한 같은 각도를 갖는다. **13** 당신이 두 피자를 모두 여덟 조각으로 잘랐기 때문에 당신은 45도의 중심각을 얻는다. **14** 왜 45도일까? **15** 원의 각을 조각의 수로 나누어라.

필수 구문 확인하기

6 Their sizes are different, but they **have** something **in common**.

▶ 「have ~ in common」은 '공통적으로 ~을 가지다[지니다]'라는 뜻이다.

04　[역사 | 통일 제국의 등장] 알렉산더 대왕　　　본문 p.114~117

교육부 지정 중학 필수 어휘
1 wild　**2** own　**3** shadows　**4** train　**5** noted　**6** honor　**7** calm

START READING!
1 ③　**2** (1) T　(2) T　(3) F

KEEP READING!
1 (1) ①　(2) ③　(3) ②　(4) ③　**2** ②　**3** ③　**4** train　**5** ③

KEEP READING! 해설

1 (4) 알렉산더 대왕의 어린 시절에 있었던 일화를 소개하는 내용이다. 알렉산더 대왕은 어렸을 때 차분한 성격으로 길들지 않은 말을 훈련시켰고, 후에 그 말이 알렉산더의 군마가 되어 늘 함께 지내왔다는 내용이다. 따라서 정답은 ③이다.

2 말이 태양을 마주하도록 돌려놔서 진정시킨 것은 알렉산더이므로 ⓑ는 알렉산더(Alexander)를 가리키며 나머지는 모두 부세팔로스를 지칭한다. 따라서 정답은 ②이다.

3 필립 2세가 말을 한 마리 데려왔고 그 말의 이름이 부세팔로스라고는 했지만 왜 그렇게 불렸는지에 대한 이유는 언급하지 않았으므로 정답은 ③이다.

4 ⓐ는 '철도 차들의 무리'를 의미하고, ⓑ는 '어떤 일이나 활동을 하도록 누군가를 가르치는 것'을 의미하므로 train(기차, 열차; 훈련하다, 교육하다)이 정답이다.

5 ①과 ②의 if는 간접의문문을 이끄는 접속사로 사용되었으며 '~인지(아닌지)'로 해석한다. ③의 if는 조건을 나타내는 접속사로 '만약 ~하면'으로 해석한다. 따라서 정답은 ③이다.
　① 나는 내 여동생이 어제 일찍 집에 왔는지 기억이 나지 않는다.
　② 우리 엄마는 네가 내 생일파티에 오는지 알고 싶어 하신다.
　③ 만약 네가 지금 당장 역으로 간다면 스티브에게 작별인사를 할 수 있다.

끊어서 읽기

알렉산더가 어렸을 때 　// 　그는 매우 차분했다 / 　그리고
¹ When Alexander was young, // he was very calm / and behaved

어른처럼 행동했다. 　알렉산더의 아버지인 필립 2세는 매우 활동적인 사람이었기 때문에
like an adult. ² Since Philip II, Alexander's father, was a very active
(~까지)

// 　그는 아들을 이해할 수 없었다 　/ 　그리고 그가 약하다고 생각했다.
person, // he couldn't understand his son, / and thought he was

어느 날 　/ 　알렉산더가 아홉 살쯤이었을 때 　// 　필립 2세는
weak. ³ One day, / when Alexander was about 9, // Philip II

말 한 마리를 데려왔다. 　그의 이름은 부세팔로스였다 　// 　그리고 아무도
brought a horse. ⁴ His name was Bucephalus, // and nobody could

그를 훈련시킬 수 없었다 // 　그가 매우 사나웠기 때문에. 　알렉산더는 그의 아버지에게 물었다
train him // because he was very wild. ⁵ Alexander asked his father

// 　자신이 그 말을 훈련시켜도 되는지를 　// 　그리고 필립은 승낙했다. 　알렉산더는
// if he could train the horse, // and Philip agreed. ⁶ Alexander

알아차렸다 // 　그 말이 무서워한다는 것을 　/ 　그 자신의 그림자에 의해 　//
noted // that the horse was scared / by his own shadow, // so he
(~인 것을)

그래서 그는 말의 몸을 돌렸다 　/ 　태양을 마주보도록. 　이것을 함으로써 　/ 　그는
turned him around / to face the sun. ⁷ By doing this, / he managed

말을 진정시키기를 해냈다 　/ 　그리고 말에 올라타는 것을 (해냈다). 　필립은 깨달았다 　//
to calm him down / and get on the horse. ⁸ Philip realized // that
to+동사원형(~하는 것을)　　　　　　　　　　　　　　　　　　　　　　　　　　　　(~인 것을)

그의 아들이 총명하고, 현명하고, 용감하다는 것을. 　그 후 　/ 　부세팔로스는
his son was intelligent, wise, and brave. ⁹ After that, / Bucephalus

알렉산더의 군마가 되었다 　/ 　그리고 항상 알렉산더 옆에 있었다 　//
became Alexander's war-horse / and was always with Alexander //

그가 인도에서 죽을 때까지. 　그가 죽은 후 　/ 　알렉산더는 '부케팔라'라는 이름을
until he died in India. ¹⁰ After his death, / Alexander gave the name

한 도시에 주었다 　/ 　그에게 경의를 표하여.
"Bucephala" to a city / in his honor.

어휘 확인하기

calm 차분한, 고요한; ~을 가라앉히다, ~을 달래다
calm A down A를 진정시키다
behave 행동하다
active 활동적인, 활발한
weak 약한
train 기차, 열차; 훈련하다, 교육하다
wild (짐승 등이) 길들지 않은, 사나운; 야생의, 자연 그대로 자란
note (기억을 돕기 위한) 메모; 알아차리다; 주의하다
scared 무서워하는, 겁먹은
own 자기 자신의, 자기 소유의; 소유하다
shadow 그림자; 그늘
face (사람·건물이) ~을 향하다 [마주보다]
manage to ~을 용케 해내다
get on ~에 타다
realize 깨닫다, 알아차리다
intelligent 총명한, 똑똑한
wise 현명한
war-horse 군마
honor 명예, 영예; (지위·가치·미덕에 대한) 경의, 존경
in one's honor ~에게 경의를 표하여

해석 한눈에 보기

¹ 알렉산더가 어렸을 때, 그는 매우 차분했고 어른처럼 행동했다. ² 알렉산더의 아버지인 필립 2세는 매우 활동적인 사람이었기 때문에, 아들을 이해할 수 없었고 그가 약하다고 생각했다. ³ 어느 날, 알렉산더가 아홉 살쯤이었을 때, 필립 2세는 말 한 마리를 데려왔다. ⁴ 그의 이름은 부세팔로스였고 그는 매우 거칠었기 때문에 아무도 그를 훈련시킬 수 없었다. ⁵ 알렉산더는 아버지에게 자신이 그 말을 훈련시켜도 되는지 물었고, 필립은 승낙했다. ⁶ 알렉산더는 그 말이 자신의 그림자에 의해 겁먹는다는 것을 알아차렸고, 그래서 그를 해와 마주하도록 돌려놨다. ⁷ 이렇게 함으로써 그는 말을 진정시키고 말에 올라탈 수 있었다. ⁸ 필립은 자신의 아들이 총명하고, 현명하고, 용감하다는 것을 깨달았다. ⁹ 그 후 부세팔로스는 알렉산더의 군마가 되었고, 인도에서 죽을 때까지 항상 알렉산더 옆에 있었다. ¹⁰ 그가 죽은 후 알렉산더는 그를 기리기 위해 한 도시를 "부케팔라"라고 이름 지었다.

필수 구문 확인하기

⁶ Alexander noted **that** the horse was scared by his own shadow, so he turned him around ~.
　　　　　　V　　　　　　　　　　　O

▶ that은 명사절을 이끄는 접속사로 that ~ shadow는 동사 noted의 목적어이다.

⁷ By doing this, he **managed to calm** him down *and* **get** on the horse.

▶ 「manage to+동사원형」은 '~을 용케 해내다'라는 뜻이며, calm him down과 get on the horse가 and로 병렬 연결되어 있다.

READING RELAY
STARTER 1, 2

READING RELAY
CHALLENGER 1, 2

READING RELAY
MASTER 1, 2

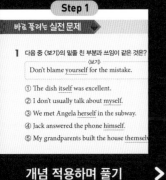   

쎄듀 초등 커리큘럼

	예비초	초1	초2	초3	초4	초5	초6
구문				초등코치 천일문 SENTENCE 1001개 통문장 암기로 완성하는 초등 영어의 기초			
문법					초등코치 천일문 GRAMMAR 1001개 예문으로 배우는 초등 영문법		
			신간 왓츠 Grammar Start 시리즈 초등 기초 영문법 입문				
					신간 왓츠 Grammar Plus 시리즈 초등 필수 영문법 마무리		
어휘				초등코치 천일문 VOCA & STORY 1001개의 초등 필수 어휘와 짧은 스토리			
		패턴으로 말하는 초등 필수 영단어 1 / 2 문장 패턴으로 완성하는 초등 필수 영단어					
ELT	신간 Oh! My PHONICS 1 / 2 / 3 / 4 유·초등학생을 위한 첫 영어 파닉스						
	Oh! My SPEAKING 1 / 2 / 3 / 4 / 5 / 6 핵심 문장 패턴으로 더욱 쉬운 영어 말하기						
	신간 Oh! My GRAMMAR 1 / 2 / 3 쓰기로 완성하는 첫 초등 영문법						

쎄듀 중등 커리큘럼

	예비중	중1	중2	중3
구문			천일문 기초 1 / 2	문법 중심 구문
문법		천일문 GRAMMAR LEVEL 1 / 2 / 3		예문 중심 문법 기본서
		GRAMMAR Q Starter 1, 2 / Intermediate 1, 2 / Advanced 1, 2		학기별 문법 기본서
		잘 풀리는 영문법 1 / 2 / 3		문제 중심 문법 적용서
		GRAMMAR PIC 1 / 2 / 3 / 4		이해가 쉬운 도식화된 문법서
			1센치 영문법	1권으로 핵심 문법 정리
문법+어법			첫단추 BASIC 문법·어법편 1 / 2	문법·어법의 기초
문법+쓰기		EGU 영단어&품사 / 문장 형식 / 동사 써먹기 / 문법 써먹기 / 구문 써먹기		서술형 기초 세우기와 문법 다지기
				올씀 1 기본 문장 PATTERN 내신 서술형 기본 문장 학습
쓰기		거침없이 Writing LEVEL 1 / 2 / 3		중등 교과서 내신 기출 서술형
		중학영어 쓰작 1 / 2 / 3		중등 교과서 패턴 드릴 서술형
어휘		어휘끝 중학 필수편 중학 필수어휘 1000개	어휘끝 중학 마스터편	고난도 중학어휘 +고등기초 어휘 1000개
독해		Reading Relay Starter 1, 2 / Challenger 1, 2 / Master 1, 2		타교과 연계 배경 지식 독해
		READING Q Starter 1, 2 / Intermediate 1, 2 / Advanced 1, 2		예측/추론/요약 사고력 독해
독해전략			리딩 플랫폼 1 / 2 / 3	논픽션 지문 독해
독해유형		Reading 16 LEVEL 1 / 2 / 3		수능 유형 맛보기 + 내신 대비
			첫단추 BASIC 독해편 1 / 2	수능 유형 독해 입문
듣기	Listening Q 유형편 / 1 / 2 / 3			유형별 듣기 전략 및 실전 대비
		쎄듀 빠르게 중학영어듣기 모의고사 1 / 2 / 3		교육청 듣기평가 대비

교과서 지식으로 영문 독해를 자신 있게!

리딩 릴레이

READING RELAY

단어 암기장

STARTER

Chapter 07

☐ **harvest**[háːrvist] 　명 (작물의) 수확 동 (작물을) 수확하다, 거둬들이다

☐ **detail**[ditéil] 　명 세부, 세부 사항

☐ **actually**[ǽktʃuəli] 　부 실제로

☐ **place**[pleis] 　명 장소, 곳 동 두다, 놓다

☐ **trick**[trik] 　명 ① 속임수 ② (골탕을 먹이기 위한) 장난

☐ video[vídiòu] 　영상

☐ spaghetti[spəgéti] 　스파게티

☐ Switzerland[swítsərlænd] 　스위스

☐ Swiss[swis] 　스위스의

☐ pull A off B 　A를 B에서 따다[떼어 내다]

☐ announcer[ənáunsər] 　(라디오 · 텔레비전 프로그램) 아나운서

☐ curious[kjúəriəs] 　궁금한

☐ common[kámən] 　공통의

☐ piece[piːs] 　한 개

☐ sauce[sɔːs] 　소스

☐ April Fools' Day 　만우절

☐ of all time 　지금껏, 역대

☐ **owner**[óunər] 　명 주인, 소유자

☐ **thief**[θiːf] 　명 도둑, 절도범

☐ **innocent**[ínəsənt] 　형 ① 죄 없는, 결백한 ② 순수한, 순결한, 악의 없는

☐ **pain**[pein] 　명 아픔, 고통

☐ **sadness** [sǽdnis]	몡 슬픔, 비애
☐ **even** [íːvən]	심지어, ~조차도
☐ **until** [əntíl]	~까지
☐ **honest** [ánist]	정직한
☐ **wise** [waiz]	지혜로운, 현명한
☐ **vivid** [vívid]	(색 · 빛 등이) 선명한, 강렬한
☐ **through** [θruː]	~통해서
☐ the Korean War	한국 전쟁

03 사우디 왕자의 빙산 프로젝트 p.20~23

☐ **matter** [mǽtər]	몡 일, 문제 동 중요하다
☐ **key** [kiː]	몡 ① 열쇠 ② (문제 · 사건 등을 푸는) 실마리, 해답
☐ **issue** [íʃuː]	몡 ① 논(쟁)점, 문제(점) ② 발행(물)
☐ **wrap** [ræp]	동 감싸다, 포장하다
☐ **though** [ðou]	접 ~이지만, ~에도 불구하고
☐ **inspire** [inspáiər]	동 격려하다, ~할 마음이 생기게 하다
☐ **enough** [inʌ́f]	충분한
☐ drinking water	마실 물, 식수
☐ plan on	~할 예정이다, 계획이다
☐ **huge** [hjuːdʒ]	거대한
☐ **safely** [séifli]	안전하게
☐ **cloth** [klɔːθ]	천, 옷감
☐ **plastic** [plǽstik]	플라스틱

04 신데렐라가 중국에서 왔다고? p.24~27

☐ **leave** [liːv] – left – left	동 ① (사람 · 장소에서) 떠나다, 출발하다 ② (어떤 결과를) 남기다

☐ **then** [ðen]	분 ① 그때, 그때는 ② 그다음에, 그리고 나서
☐ **original** [ərídʒənəl]	형 최초의, 원래의 명 원형, 원본
☐ **tradition** [trədíʃən]	명 전통, 관례
☐ **bind** [baind] – bound – bound	동 ① 묶다 ② ~을 싸다, 둘러 감다
☐ **suffer** [sʌ́fər]	동 ① 고통 받다, 괴로워하다 ② (고통 · 상해 · 슬픔 등을) 경험하다, 겪다
☐ midnight [mídnáit]	한밤중, 자정
☐ owner [óunər]	주인, 소유자
☐ in the end	결국
☐ by the way	그런데
☐ however [hauévər]	그러나
☐ even [íːvən]	심지어, ~조차도
☐ straight [streit]	똑바로
☐ luckily [lʌ́kili]	다행히도, 운 좋게
☐ cause [kɔːz]	~을 초래하다
☐ pain [pein]	고통, 아픔

Chapter **08**

01 카라반세라이	p.30~33

☐ **rest** [rest]	명 ① (어떤 것의) 나머지 ② 휴식, 수면 동 쉬다, 휴식을 취하다
☐ **mean** [miːn] – meant – meant	동 의미하다 형 심술궂은, 성질이 나쁜
☐ **protect** [prətékt]	동 보호하다, 지키다
☐ **share** [ʃɛər]	동 함께 나누다, 공유하다

☐ **past** [pæst]	형 과거의, 지나간 명 과거
☐ **shower** [ʃáuər]	명 ① 샤워기, 샤워실 ② 샤워(하기) ③ 소나기
☐ traveler [trǽvələr]	여행자
☐ merchant [mɔ́:rtʃənt]	상인
☐ special [spéʃəl]	특별한
☐ Persian [pɔ́:rʒən]	페르시아어
☐ within [wiðín]	~ 안에
☐ such as	~와 같은
☐ thief [θi:f]	도둑
☐ market [mɔ́:rkit]	시장
☐ turn into	~이 되다, ~으로 변하다
☐ tourist [túərist]	관광객

02 오일러

p.34~37

☐ **university** [jùːnəvɔ́:rsəti]	명 대학, 대학교
☐ **talent** [tǽlənt]	명 (타고난) 재능, 소질
☐ **blind** [blaind]	형 눈이 먼, 앞을 못 보는, 장님인
☐ **check** [tʃek]	동 (확인하기 위해) 살피다, 점검하다 명 ① 확인, 점검 ② 수표
☐ **complete** [kəmplíːt]	동 끝마치다, 완성하다 형 완전한, 전부 갖추어져 있는
☐ receive [risíːv]	받다, 받아들이다
☐ mathematician [mæ̀θəmətíʃən]	수학자
☐ soon [suːn]	곧, 머지않아
☐ discover [diskʌ́vər]	발견하다
☐ mathematics (= math) [mæ̀θəmǽtiks]	수학
☐ ill [il]	아픈, 병든
☐ continue [kəntínjuː]	계속하다, 지속하다

☐ research [risə́:rtʃ]	연구
☐ however [hauévər]	그러나
☐ eyesight [áisàit]	시력
☐ keep on	계속하다
☐ helper [hélpər]	조수
☐ record [rikɔ́:rd]	기록하다
☐ even [í:vən]	심지어, ~조차도

03 | 갠지스 강
p.38~41

☐ **holy** [hóuli]	형 신성한, 성스러운
☐ **yet** [jet]	부 《부정문, 의문문에서》 아직, 여전히
☐ **maybe** [méibi:]	부 어쩌면, 아마
☐ **truly** [trú:li]	부 진실로, 거짓 없이
☐ **miracle** [mírəkl]	명 기적

☐ goddess [gádis]	여신
☐ even [í:vən]	심지어, ~조차도
☐ wash off	씻어 없애다
☐ past [pæst]	과거
☐ bacteria [bæktíəriə]	《복수형》 박테리아, 세균
☐ however [hauévər]	그러나
☐ no one	아무도 ~ 않다
☐ actually [ǽktʃuəli]	실제로
☐ perhaps [pərhǽps]	어쩌면
☐ full of	~로 가득 찬

04 | 미국의 채터누가
p.42~45

| ☐ **report** [ripɔ́:rt] | 명 ① (조사 · 연구의) 보고서 ② (신문 등의) 보도, 기사 |
| | 동 ① 보고하다 ② 보도하다 |

☐ **although** [ɔːlðóu]	접 비록 ~일지라도, ~이기는 하지만
☐ **several** [sévərəl]	형 몇몇의, 여러 개의
☐ **main** [mein]	형 주된, 주요한
☐ **pollution** [pəljúːʃən]	명 오염, 공해
☐ **traffic** [trǽfik]	명 (차 · 사람 등의) 교통, 왕래, 통행
☐ top [tɑp]	상위, 최고의
☐ the United States	미국
☐ however [hauévər]	그러나
☐ success [səksés]	성공
☐ shocking [ʃákiŋ]	충격적인
☐ government [gʌ́vərnmənt]	정부
☐ take action	~에 대해 조치를 취하다, 행동에 옮기다
☐ law [lɔː]	법, 법률
☐ in addition	게다가, 또한
☐ such as	~와 같은
☐ bomb [bɑm]	폭탄
☐ cause [kɔːz]	원인
☐ walker [wɔ́ːkər]	걷는 사람, 보행자

Chapter **09**

01 행운이 가득한 공원		p.48~51

☐ **unique** [juːníːk]	형 독특한, 유일무이한
☐ **surprise** [sərpráiz]	명 뜻밖의 일, 놀라움 동 ~을 놀라게 하다
☐ **staff** [stæf]	명 직원
☐ **discover** [diskʌ́vər]	동 ① 발견하다 ② 알다, 깨닫다

☐ **public** [pʌ́blik]	혱 공공의, 공중의 명 대중, 일반 사람들
☐ **search** [sə:rtʃ]	동 찾다, 검색하다
☐ diamond [dáiəmənd]	다이아몬드
☐ within [wiðín]	(장소·시간 등) ~이내에
☐ piece [pi:s]	조각, 일부분
☐ information center	안내소
☐ quite [kwait]	제법, 꽤
☐ carat [kǽrət]	캐럿 《보석의 무게 단위》
☐ among [əmʌ́ŋ]	~의 사이에, ~ 중에
☐ produce [prədjú:s]	생산하다, 산출하다
☐ on average	평균적으로
☐ hunter [hʌ́ntər]	(특정한 것을) 찾아다니는 사람

02 | 잘쇼프 p.52~55

☐ **storm** [stɔ:rm]	명 폭풍, 폭풍우
☐ **suddenly** [sʌ́dnli]	부 갑자기
☐ **appear** [əpíər]	동 ① 나타나다, 나오다 ② ~인 것 같다
☐ **separate** 혱 [sépərət] 동 [sépərèit]	혱 분리된, 따로 떨어진 동 분리하다, 떼어놓다
☐ **steal** [sti:l] – stole – stolen	동 훔치다, 도둑질하다
☐ **instead** [instéd]	부 대신에
☐ Scotland [skátlənd]	스코틀랜드
☐ researcher [risə́:rtʃər]	연구원
☐ interesting [íntərestiŋ]	흥미로운
☐ such as	~와 같은
☐ longhouse [lɔ́:ŋhàus]	(일자형의) 공동 주택
☐ outbuilding [autbíldiŋ]	별채

☐ wooden [wúdn]	나무로 된
☐ used to	~하곤 했다
☐ main [mein]	주된, 주요한
☐ expert [ékspə:rt]	전문가
☐ barn [bɑ:rn]	헛간
☐ as well	~도, 또한
☐ Norway [nɔ́:rwei]	노르웨이
☐ at first	처음에는
☐ move on to	~로 이동하다, ~로 옮기다
☐ make one's living	생계를 꾸리다
☐ way [wei]	방법, 방식

03 | 부활절 달걀　　　　　　　　　　　　　　p.56~59

☐ **special** [spéʃəl]	형 특별한, 특수한
☐ **celebrate** [séləbrèit]	동 기념하다, 축하하다
☐ **boil** [bɔil]	동 ① (물이나 액체가) 끓다, 끓이다 ② 삶다, 삶아지다
☐ **decorate** [dékərèit]	동 장식하다
☐ **spend** [spend] – spent – spent	동 ① (돈을) 쓰다, 소비하다 ② (시간을) 보내다, 지내다

☐ Easter [í:stər]	부활절
☐ instead of	~ 대신에
☐ boiled egg	삶은 달걀
☐ Easter egg hunt	부활절 달걀 찾기
☐ Europe [júərəp]	유럽
☐ century [séntʃəri]	세기, 100년
☐ bunny [bʌ́ni]	토끼
☐ hide [haid]	숨기다

☐	**switch** [switʃ]	몡 스위치 툉 (생각 · 화제 · 장소 등을) 바꾸다, 돌리다
☐	**experience** [ikspíəriəns]	몡 경험, 체험 툉 경험하다, 체험하다
☐	**normal** [nɔ́ːrməl]	휑 정상인 몡 보통, 정상
☐	**interesting** [íntərestiŋ]	휑 흥미 있는, 새미있는
☐	**reality** [riǽləti]	몡 ① 진실 ② 현실, 사실
☐	**fair** [fɛər]	휑 ① 공정한, 공평한, 정당한 ② 꽤 많은, 상당한
☐	alike [əláik]	서로 같은, 비슷한
☐	place [pleis]	(사회적) 위치, 신분, 자리
☐	soon [suːn]	곧, 머지않아
☐	own [oun]	자기 자신의
☐	live happily ever after	영원히 행복하게 살다
☐	adventure [ədvéntʃər]	모험
☐	describe [diskráib]	묘사하다
☐	difference [dífərəns]	차이
☐	character [kǽriktər]	등장인물
☐	century [séntʃəri]	세기, 100년
☐	society [səsáiəti]	사회
☐	huge [hjuːdʒ]	거대한
☐	gap [gæp]	큰 차이, 격차
☐	point out	지적하다, 언급하다
☐	royal [rɔ́iəl]	왕족
☐	care for	~을 돌보다

Chapter **10**

③ (그림 · 사진 등의) 대상, 소재

☐ **landscape** [lǽndskèip] 〖명〗 풍경, 경치

☐ **deliver** [dilívər] 〖동〗 배달하다, 전하다

☐ surprised [sərpráizd] 놀란

☐ of course not 물론 아니나

☐ pattern [pǽtərn] 무늬, 패턴

☐ vivid [vívid] 선명한

☐ create [kriéit] 창조하다, 만들어 내다

☐ visual [víʒuəl] 시각의

☐ effect [ifékt] 효과

☐ dizzy [dízi] 어지러운

☐ stir up 불러일으키다

☐ feeling [fíːliŋ] 느낌, 기분

☐ emotion [imóuʃən] 감정

☐ viewer [vjuːər] 보는 사람, 관찰자

03 | 하루 근무 시간 p.74~77

☐ **run** [rʌn]
– ran – run
〖동〗 ① 달리다, 뛰다 ② (기계 등을) 움직이다, 돌리다

☐ **without** [wiðáut] 〖전〗 ~ 없이, ~ 없는

☐ **standard** [stǽndərd] 〖명〗 표준, 기준 〖형〗 표준의

☐ **double** [dʌ́bl] 〖형〗 두 배의 〖명〗 두 배 〖동〗 두 배가 되다, 두 배로 만들다

☐ **pay** [pei]
– paid – paid
〖동〗 지불하다 〖명〗 급료, 임금

☐ **follow** [fálou] 〖동〗 ① 따라오다, 따라가다 ② 뒤이어 발생하다
③ (규칙 · 충고 따위를) 따르다

☐ century [séntʃəri] 세기, 100년

☐ owner [óunər] 주인, 소유자

☐ mean [miːn]	~을 의미하다
☐ in fact	사실은
☐ common [kámən]	흔한
☐ of course	물론
☐ however [hauévər]	그러나
☐ campaign [kæmpéin]	(사회적·정치적) 운동, 캠페인
☐ healthy [hélθi]	건강한
☐ rest [rest]	휴식, 수면
☐ motor [móutər]	자동차
☐ cut [kʌt]	줄이다
☐ at the same time	동시에
☐ shock [ʃɑk]	충격
☐ soon [suːn]	곧, 머지않아
☐ example [igzǽmpl]	예, 보기
☐ introduce [ìntrədjúːs]	도입하다, (처음으로) 들여오다

04 | 할랄 푸드 p.78~81

☐ **ever** [évər]	부 ① 늘, 항상 ② 언젠가, 앞으로
	③ 이제까지, 지금까지 《비교급·최상급 뒤에서 그 말을 강조할 때》
☐ **billion** [bíljən]	명 10억
☐ **lead** [liːd] – led – led	동 ① 인도하다, 이끌다 ② ~을 앞서다
☐ **prepare** [pripέər]	동 준비하다, 준비시키다
☐ **fat** [fæt]	형 살찐, 뚱뚱한 명 지방, 비계
☐ **case** [keis]	명 ① (특정한 상황의) 경우 ② 용기, 통, 상자
☐ market [máːrkit]	시장
☐ offer [ɔ́(ː)fər]	제공하다
☐ success [səksés]	성공

☐ according to	~에 따르면
☐ rule [ru:l]	규칙, 규정
☐ pork [pɔ:rk]	돼지고기
☐ special [spéʃəl]	특별한
☐ killing [kíliŋ]	도살
☐ cruel [krú:əl]	잔혹한, 잔인한
☐ other than	~ 외에
☐ avoid [əvɔ́id]	피하다
☐ biscuit [bískit]	비스킷
☐ such [sətʃ]	이와 같은, 그러한
☐ include [inklú:d]	포함하다
☐ however [hauévər]	그러나

Chapter **11**

01 Death Valley	p.84~87

☐ **record** 명 [rékərd] 동 [rikɔ́:rd]	명 기록 동 ~을 기록하다
☐ **temperature** [témpərətʃər]	명 온도, 기온
☐ **rarely** [rɛ́ərli]	부 드물게, 좀처럼 ~하지 않는
☐ **flood** [flʌd]	명 홍수
☐ **happen** [hǽpən]	동 (일·사건 등이) 일어나다, 발생하다
☐ **sudden** [sʌ́dn]	형 갑작스러운, 불시의
☐ even [í:vən]	심지어, ~조차도
☐ used to	~하곤 했다
☐ such [sətʃ]	이와 같은, 이러한

☐ sea level	해수면
☐ flash [flæʃ]	돌발적인
☐ cause [kɔːz]	~을 초래하다
☐ sign [sain]	징후, 조짐
☐ get to A	A에 도착하다, 닿다
☐ possible [pásəbl]	가능한

02 | 확률론의 시초, 지롤라모 카르다노 p.88~91

☐ **hit** [hit] – hit – hit	동 ① 때리다, 치다 ② (폭풍 등이 어떤 곳을) 덮치다, 엄습하다
☐ **disease** [dizíːz]	명 병, 질병
☐ **medicine** [médəsin]	명 ① 약, 내복약 ② 의학, 의술
☐ **gamble** [gǽmbl]	동 도박을 하다, 노름을 하다
☐ **chance** [tʃæns]	명 ① 기회 ② 가능성, 승산, 확률

☐ be born	태어나다
☐ care for	~을 보살피다[돌보다]
☐ ill [il]	아픈, 병이 든
☐ instead [instéd]	대신에
☐ soon [suːn]	곧, 머지않아
☐ clever [klévər]	영리한
☐ rude [ruːd]	무례한, 버릇없는
☐ make money	돈을 벌다
☐ cheat [tʃiːt]	속이다
☐ respect [rispékt]	존경, 경의

03 | 아테네의 스승, 소크라테스 p.92~95

| ☐ **question** [kwéstʃən] | 명 ① 질문 ② 문제 동 질문하다, 묻다 |
| ☐ **justice** [dʒʌ́stis] | 명 정의 |

- [ ] **while** [hwail]   쩹 ① ~하는 동안, ~하는 사이 ② ~인 데 반하여 명 (잠깐) 동안, 잠깐
- [ ] **realize** [ríːəlàiz]   동 ~을 깨닫다, ~을 실감하다
- [ ] **gain** [gein]   동 ① ~을 얻다, 달성하다 ② (무게·속도 등을) 늘리다
- [ ] **develop** [divéləp]   동 ① 발달시키다, 발전시키다 ② (자원·토지를) 개발하다

- [ ] ancient [éinʃənt]   고대의, 먼 옛날의
- [ ] basic [béisik]   기초의, 근본적인
- [ ] truth [truːθ]   진리
- [ ] way [wei]   방법
- [ ] knowledge [nálidʒ]   지식
- [ ] goal [goul]   목적, 목표
- [ ] self-knowledge   자기 인식

04 | 어디로 갔을까, 나의 한쪽은 p.96~99

- [ ] **miss** [mis]   동 ① 놓치다, 빗나가다 ② 그리워하다
- [ ] **missing** [mísiŋ]   형 ① 사라진, 빠진 ② 행방불명인
- [ ] **give up**   구 포기하다
     – gave up – given up
- [ ] **perfect** [pə́ːrfikt]   형 완전한, 완벽한
- [ ] **roll** [roul]   동 구르다, 굴리다 명 두루마리
- [ ] **sharp** [ʃɑːrp]   형 날카로운, 뾰족한
- [ ] **finally** [fáinəli]   부 드디어, 마침내

- [ ] once upon a time   옛날 옛날에
- [ ] fall [fɔːl]   떨어지다
- [ ] worm [wəːrm]   벌레 《지렁이·거머리 등》
- [ ] move on   (새로운 일·주제로) 옮기다, 넘어가다
- [ ] whole [houl]   완전한
- [ ] at last   마침내, 드디어
- [ ] however [hauévər]   그러나
- [ ] complete [kəmplíːt]   완전한

Chapter **12**

☐ special [spéʃəl]	특별한
☐ suggest [sədʒést]	제안하다
☐ imagine [imǽdʒin]	상상하다
☐ technology [teknálədʒi]	(과학) 기술
☐ guess [ges]	알아맞히다
☐ gender [dʒéndər]	성, 성별
☐ data [déitə]	자료, 정보
☐ beer [biər]	맥주
☐ lemonade [lèmənéid]	레모네이드
☐ coffee [kɔ́:fi]	커피

03 | 피자 조각의 닮음

☐ **medium** [mí:diəm]	형 중간(정도)의, 보통의
☐ **slice** [slais]	명 얇게 썬 조각, 한 조각 동 얇게 썰다
☐ **compare** [kəmpɛ́ər]	동 (둘을) 비교하다, 견주다
☐ **similar** [símələr]	형 ① 비슷한, 유사한 ② 《수학》 (도형이) 닮은
☐ **figure** [fígjər]	명 ① (크기나 양을 나타내는) 값 ② 인물, 모습, 몸매 ③ 형태, 도형
☐ **angle** [ǽŋgl]	명 각도, 각

☐ cut A into B	A를 B로 자르다
☐ inch [intʃ]	인치 《길이의 단위》
☐ which [hwitʃ]	어느
☐ of course	물론
☐ have A in common	공통적으로 A를 가지다[지니다]
☐ shape [ʃeip]	모양, 형태
☐ object [ábdʒikt]	물건, 사물, 물체
☐ unchanging [ʌntʃéindʒiŋ]	변하지 않는, 항상 일정한

18   리딩 릴레이 STARTER 2

☐ therefore [ðɛ́ərfɔ̀ːr]	그러므로
☐ central [séntrəl]	중심의, 중앙의
☐ divide A by B	A를 B로 나누다

☐ **calm** [kɑːm]	형 차분한, 고요한 동 ~을 가라앉히다, ~을 달래다
☐ **calm A down**	A를 진정시키다
☐ **train** [trein]	명 기차, 열차 동 훈련하다, 교육하다
☐ **wild** [waild]	형 ① (짐승 등이) 길들지 않은, 사나운 ② 야생의, 자연 그대로 자란
☐ **note** [nout]	명 (기억을 돕기 위한) 메모 동 ① 알아차리다 ② 주의하다
☐ **own** [oun]	형 자기 자신의, 자기 소유의 동 소유하다
☐ **shadow** [ʃǽdou]	명 ① 그림자 ② 그늘
☐ **honor** [ánər]	명 ① 명예, 영예 ② (지위 · 가치 · 미덕에 대한) 경의, 존경
☐ **in one's honor**	~에게 경의를 표하여

☐ behave [bihéiv]	행동하다
☐ active [ǽktiv]	활동적인, 활발한
☐ weak [wiːk]	약한
☐ scared [skɛərd]	무서워하는, 겁먹은
☐ face [feis]	(사람 · 건물이) ~을 향하다[마주보다]
☐ manage to	~을 용케 해내다
☐ get on	~에 타다
☐ realize [ríːəlàiz]	깨닫다, 알아차리다
☐ intelligent [intélidʒənt]	총명한, 똑똑한
☐ wise [waiz]	현명한
☐ war-horse	군마

다음 우리말은 영어로, 영어는 우리말로 써보세요.

01 bind →

02 matter →

03 vivid →

04 luckily →

05 then →

06 harvest →

07 enough →

08 cause →

09 straight →

10 common →

11 leave →

12 until →

13 safely →

14 plan on →

15 though →

16 전통, 관례 →

17 장소, 곳; 두다, 놓다 →

18 주인, 소유자 →

19 최초의, 원래의; 원형, 원본 →

20 열쇠; (문제 · 사건 등을 푸는) 실마리, 해답 →

21	suffer	→	
22	actually	→	
23	cloth	→	
24	inspire	→	
25	curious	→	
26	through	→	
27	issue	→	
28	honest	→	
29	wise	→	
30	midnight	→	
31	of all time	→	
32	huge	→	
33	trick	→	
34	sadness	→	
35	by the way	→	
36	세부, 세부 사항	→	
37	도둑, 절도범	→	
38	감싸다, 포장하다	→	
39	죄 없는, 결백한; 순수한, 순결한, 악의 없는	→	
40	고통, 아픔	→	

Chapter 08 Exercise

다음 우리말은 영어로, 영어는 우리말로 써보세요.

01 several → _____

02 law → _____

03 complete → _____

04 report → _____

05 yet → _____

06 success → _____

07 perhaps → _____

08 protect → _____

09 research → _____

10 shocking → _____

11 merchant → _____

12 share → _____

13 take action → _____

14 maybe → _____

15 keep on → _____

16 (타고난) 재능, 소질 → _____

17 오염, 공해 → _____

18 과거의, 지나간; 과거 → _____

19 진실로, 거짓 없이 → _____

20 샤워기, 샤워실; 샤워(하기);
   소나기 → _____

21 check →

22 bomb →

23 mathematics →

24 holy →

25 traveler →

26 receive →

27 main →

28 within →

29 continue →

30 rest →

31 such as →

32 discover →

33 although →

34 top →

35 turn into →

36 대학, 대학교 →

37 (차 · 사람 등의) 교통, 왕래, 통행 →

38 눈이 먼, 앞을 못 보는, 장님인 →

39 의미하다; 심술궂은, 성질이 나쁜 →

40 기적 →

Chapter 09 Exercise

다음 우리말은 영어로, 영어는 우리말로 써보세요.

01	storm	→
02	society	→
03	adventure	→
04	alike	→
05	staff	→
06	interesting	→
07	expert	→
08	researcher	→
09	century	→
10	suddenly	→
11	produce	→
12	decorate	→
13	instead	→
14	quite	→
15	at first	→
16	(물이나 액체가) 끓다, 끓이다; 삶다, 삶아지다	→
17	독특한, 유일무이한	→
18	(돈을) 쓰다, 소비하다; (시간을) 보내다, 지내다	→
19	정상인; 보통, 정상	→
20	훔치다, 도둑질하다	→

21 switch →

22 search →

23 celebrate →

24 describe →

25 difference →

26 appear →

27 wooden →

28 reality →

29 way →

30 gap →

31 discover →

32 point out →

33 make one's living →

34 on average →

35 surprise →

36 분리된, 따로 떨어진; 분리하다, 떼어놓다 →

37 경험, 체험; 경험하다, 체험하다 →

38 공정한, 공평한, 정당한; 꽤 많은, 상당한 →

39 특별한, 특수한 →

40 공공의, 공중의; 대중, 일반 사람들 →

Chapter 10 Exercise

다음 우리말은 영어로, 영어는 우리말로 써보세요.

01	prepare	→ _____
02	ever	→ _____
03	cruel	→ _____
04	visual	→ _____
05	pay	→ _____
06	lead	→ _____
07	blow	→ _____
08	example	→ _____
09	standard	→ _____
10	avoid	→ _____
11	make up	→ _____
12	seem	→ _____
13	include	→ _____
14	follow	→ _____
15	in fact	→ _____
16	달리다, 뛰다; (기계 등을) 움직이다, 돌리다	→ _____
17	10억	→ _____
18	모양, 형태	→ _____
19	(특정한 상황의) 경우; 용기, 통, 상자	→ _____
20	배달하다, 전하다	→ _____

21 origin	→	
22 pattern	→	
23 hole	→	
24 effect	→	
25 dizzy	→	
26 shock	→	
27 subject	→	
28 appear	→	
29 success	→	
30 emotion	→	
31 feeling	→	
32 signal	→	
33 offer	→	
34 stir up	→	
35 landscape	→	
36 살찐, 뚱뚱한; 지방, 비계	→	
37 (사실 · 입장 등을) 설명하다	→	
38 두 배의; 두 배; 두 배가 되다, 두 배로 만들다	→	
39 나뭇가지; (특정한 목적에 쓰이는) 막대; ~을 붙이다	→	
40 ~ 없이, ~ 없는	→	

Chapter 11 Exercise

다음 우리말은 영어로, 영어는 우리말로 써보세요.

01 gain →
02 basic →
03 finally →
04 flash →
05 gamble →
06 whole →
07 while →
08 sharp →
09 rude →
10 happen →
11 fall →
12 goal →
13 hit →
14 missing →
15 at last →
16 온도, 기온 →
17 정의 →
18 질문; 문제; 질문하다, 묻다 →
19 놓치다, 빗나가다; 그리워하다 →
20 기회; 가능성, 승산, 확률 →

21 realize	→	
22 disease	→	
23 cheat	→	
24 knowledge	→	
25 rarely	→	
26 care for	→	
27 possible	→	
28 develop	→	
29 move on	→	
30 sudden	→	
31 clever	→	
32 worm	→	
33 be born	→	
34 ancient	→	
35 give up	→	
36 약, 내복약; 의학, 의술	→	
37 기록; ~을 기록하다	→	
38 구르다, 굴리다; 두루마리	→	
39 홍수	→	
40 완전한, 완벽한	→	

Chapter 12 Exercise

다음 우리말은 영어로, 영어는 우리말로 써보세요.

01 medium → _____

02 active → _____

03 data → _____

04 guess → _____

05 behave → _____

06 intelligent → _____

07 figure → _____

08 calm → _____

09 drink → _____

10 information → _____

11 fool → _____

12 suggest → _____

13 honor → _____

14 wild → _____

15 therefore → _____

16 (둘을) 비교하다, 견주다 → _____

17 기차, 열차; 훈련하다, 교육하다 → _____

18 능력; (타고난) 재능, 재주 → _____

19 그림자; 그늘 → _____

20 자기 자신의, 자기 소유의; 소유하다 → _____

21	accept	→	
22	imagine	→	
23	interested	→	
24	gender	→	
25	have A in common	→	
26	type	→	
27	turn	→	
28	object	→	
29	angle	→	
30	technology	→	
31	note	→	
32	environment	→	
33	manage to	→	
34	in one's honor	→	
35	calm A down	→	
36	고무	→	
37	개선하다, 향상시키다	→	
38	기계	→	
39	비슷한, 유사한; (도형이) 닮은	→	
40	얇게 썬 조각, 한 조각; 얇게 썰다	→	

Answers for Exercise

Chapter 07 Exercise

01 묶다; ~을 싸다, 둘러 감다   02 일, 문제; 중요하다   03 (색·빛 등이) 선명한, 강렬한   04 다행히도, 운 좋게   05 그때, 그때는; 그다음에, 그리고 나서   06 (작물의) 수확; (작물을) 수확하다, 거둬들이다   07 충분한   08 ~을 초래하다   09 똑바로   10 공통의   11 (사람·장소에서) 떠나다, 출발하다; (어떤 결과를) 남기다   12 ~까지   13 안전하게   14 ~할 예정이다, 계획이다   15 ~이지만, ~에도 불구하고   16 tradition   17 place   18 owner   19 original   20 key   21 고통 받다, 괴로워하다; (고통·상해·슬픔 등을) 경험하다, 겪다   22 실제로   23 천, 옷감   24 격려하다, ~할 마음이 생기게 하다   25 궁금한   26 ~통해서   27 논(쟁)점, 문제(점); 발행(물)   28 정직한   29 지혜로운, 현명한   30 한밤중, 자정   31 지금껏, 역대   32 거대한   33 속임수; (골탕을 먹이기 위한) 장난   34 슬픔, 비애   35 그런데   36 detail   37 thief   38 wrap   39 innocent   40 pain

Chapter 08 Exercise

01 몇몇의, 여러 개의   02 법, 법률   03 끝마치다, 완성하다; 완전한, 전부 갖추어져 있는   04 (조사·연구의) 보고서; (신문 등의) 보도, 기사; 보고하다; 보도하다   05 아직, 여전히   06 성공   07 어쩌면   08 보호하다, 지키다   09 연구   10 충격적인   11 상인   12 함께 나누다, 공유하다   13 ~에 대해 조치를 취하다, 행동에 옮기다   14 어쩌면, 아마   15 계속하다   16 talent   17 pollution   18 past   19 truly   20 shower   21 (확인하기 위해) 살피다, 점검하다; 확인, 점검; 수표   22 폭탄   23 수학   24 신성한, 성스러운   25 여행자   26 받다, 받아들이다   27 주된, 주요한   28 ~안에   29 계속하다, 지속하다   30 (어떤 것의) 나머지; 휴식, 수면; 쉬다, 휴식을 취하다   31 ~와 같은   32 발견하다   33 비록 ~일지라도, ~이기는 하지만   34 상위, 최고의   35 ~이 되다, ~으로 변하다   36 university   37 traffic   38 blind   39 mean   40 miracle

Chapter 09 Exercise

01 폭풍, 폭풍우   02 사회   03 모험   04 서로 같은, 비슷한   05 직원   06 흥미 있는, 재미있는   07 전문가   08 연구원   09 세기, 100년   10 갑자기   11 생산하다, 산출하다   12 장식하다   13 대신에   14 제법, 꽤   15 처음에는   16 boil   17 unique   18 spend   19 normal   20 steal   21 스위치; (생각·화제·장소 등을) 바꾸다, 돌리다   22 찾다, 검색하다   23 기념하다, 축하하다   24 묘사하다   25 차이   26 나타나다, 나오다; ~인 것 같다   27 나무로 된   28 진실; 현실, 사실   29 방법, 방식   30 큰 차이, 격차   31 발견하다; 알다, 깨닫다   32 지적하다, 언급하다   33 생계를 꾸리다   34 평균적으로   35 뜻밖의 일, 놀라움; ~을 놀라게 하다   36 separate   37 experience   38 fair   39 special   40 public

Chapter 10 Exercise

01 준비하다, 준비시키다   02 늘, 항상; 언젠가, 앞으로; 이제까지, 지금까지   03 잔혹한, 잔인한   04 시각의   05 지불하다; 급료, 임금   06 인도하다, 이끌다; ~을 앞서다   07 (바람이) 불다; (입으로) 불다; 폭파하다   08 예, 보기   09 표준, 기준; 표준의   10 피하다   11 (이야기를) 만들어 내다, 지어내다   12 ~처럼 보이다, ~인 것처럼 생각되다   13 포함하다   14 따라오다, 따라가다; 뒤이어 발생하다; (규칙 · 충고 따위를) 따르다   15 사실은   16 run   17 billion   18 shape   19 case   20 deliver   21 기원, 유래   22 무늬, 패턴   23 구멍, 구덩이   24 효과   25 어지러운   26 충격   27 (논의) 주제, 문제; 과목, 교과; (그림 · 사진 등의) 대상, 소재   28 나타나다   29 성공   30 감정   31 느낌, 기분   32 신호; 징조, 징후   33 제공하다   34 불러일으키다   35 풍경, 경치   36 fat   37 explain   38 double   39 stick   40 without

Chapter 11 Exercise

01 ~을 얻다, 달성하다; (무게 · 속도 등을) 늘리다   02 기초의, 근본적인   03 드디어, 마침내   04 돌발적인   05 도박을 하다, 노름을 하다   06 완전한   07 ~하는 동안, ~하는 사이; ~인 데 반하여; (잠깐) 동안, 잠깐   08 날카로운, 뾰족한   09 무례한, 버릇없는   10 (일 · 사건 등이) 일어나다, 발생하다   11 떨어지다   12 목적, 목표   13 때리다, 치다; (폭풍 등이 어떤 곳을) 덮치다, 엄습하다   14 사라진, 빠진; 행방불명의   15 마침내, 드디어   16 temperature   17 justice   18 question   19 miss   20 chance   21 ~을 깨닫다, ~을 실감하다   22 병, 질병   23 속이다   24 지식   25 드물게, 좀처럼 ~하지 않는   26 ~을 보살피다[돌보다]   27 가능한   28 발달시키다, 발전시키다; (자원 · 토지를) 개발하다   29 (새로운 일 · 주제로) 옮기다, 넘어가다   30 갑작스러운, 불시의   31 영리한   32 벌레   33 태어나다   34 고대의, 먼 옛날의   35 포기하다   36 medicine   37 record   38 roll   39 flood   40 perfect

Chapter 12 Exercise

01 중간(정도)의, 보통의   02 활동적인, 활발한; 활동 중인, 진행 중인   03 자료, 정보   04 알아맞히다   05 행동하다   06 총명한, 똑똑한   07 (크기나 양을 나타내는) 값; 인물, 모습, 몸매; 형태, 도형   08 차분한, 고요한; ~을 가라앉히다, ~을 달래다   09 (음료를) 마시다; 술을 마시다; 음료, 마실 것   10 정보   11 바보; 속이다, 기만하다   12 제안하다   13 명예, 영예; (지위 · 가치 · 미덕에 대한) 경의, 존경   14 (짐승 등이) 길들지 않은, 사나운; 야생의, 자연 그대로 자란   15 그러므로   16 compare   17 train   18 ability   19 shadow   20 own   21 (선물, 제안 등을) 받아들이다   22 상상하다   23 흥미를 가진, 관심 있어 하는   24 성, 성별   25 공통적으로 A를 가지다[지니다]   26 유형, 종류   27 돌다, 돌리다; (어떤 나이 · 시기가) 되다   28 물건, 사물, 물체   29 각도, 각   30 (과학) 기술   31 (기억을 돕기 위한) 메모; 알아차리다; 주의하다   32 환경   33 ~을 용케 해내다   34 ~에게 경의를 표하여   35 A를 진정시키다   36 rubber   37 improve   38 machine   39 similar   40 slice

MEMO

MEMO